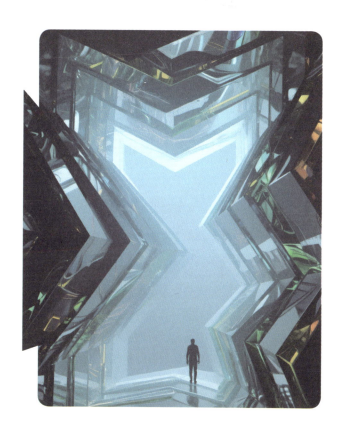

中文版

3ds Max 2025

入门教程

来阳 编著

人民邮电出版社

北　京

图书在版编目（CIP）数据

中文版 3ds Max 2025 入门教程 / 来阳编著. -- 北京：
人民邮电出版社, 2025. -- ISBN 978-7-115-67095-3

I. TP391.414

中国国家版本馆 CIP 数据核字第 2025A3U390 号

内 容 提 要

3ds Max 是一款功能强大、应用广泛的专业三维建模、渲染和动画软件，在游戏美术、广告设计、室内表现、建筑表现及影视动画等领域深受从业人员的喜爱。本书合理安排知识点，运用简洁、流畅的语言，结合丰富的案例，由浅入深地讲解 3ds Max 软件的基本操作方法和实际操作步骤。

本书共 10 章。第 1～9 章介绍软件的操作界面、几何体建模、图形建模、灯光技术、摄影机技术、材质技术、动画技术、动力学动画、粒子系统与粒子插件等内容；第 10 章主要通过综合案例，应用前面所学的知识，让读者了解商业设计过程。本书附带学习资源，包括课堂案例、课后习题和综合案例的素材、效果文件，在线教学视频，以及专为教师准备的 PPT 教学课件。

本书适合对 3ds Max 感兴趣的初学者和想要从事广告设计、室内表现、建筑表现及影视动画等相关行业的读者学习使用，也适合作为相关院校和培训机构的教材。

◆ 编　　著　来　阳

责任编辑　张丹丹

责任印制　陈　犇

◆ 人民邮电出版社出版发行　　北京市丰台区成寿寺路 11 号

邮编　100164　电子邮件　315@ptpress.com.cn

网址　https://www.ptpress.com.cn

北京捷迅佳彩印刷有限公司印刷

◆ 开本：700×1000　1/16

印张：12　　　　　　　　2025 年 10 月第 1 版

字数：291 千字　　　　　　2025 年 10 月北京第 1 次印刷

定价：69.80 元

读者服务热线：(010)81055410　印装质量热线：(010)81055316

反盗版热线：(010)81055315

前言

3ds Max是由欧特克公司开发并发行的一款旗舰级三维动画软件，该软件集造型、渲染和动画制作于一身，目前广泛应用于动画广告、影视特效、多媒体制作、建筑表现、游戏等领域，深受广大从业人员的喜爱。

为了帮助读者更轻松地学习并掌握3ds Max三维动画制作的相关知识和技能，本书合理安排知识点，由浅入深地讲解3ds Max软件的基本操作方法和实际操作步骤。

内容特色

入门轻松：本书从3ds Max的基础知识入手，逐一讲解软件的常用工具，力求让零基础读者轻松入门。

由浅入深：本书结构层次分明、深入浅出，案例设计遵循先易后难的模式，可使读者学习起来更加轻松。

随学随练：本书合理安排课堂案例和课后习题，以加深读者对相关知识点及操作方法的理解。此外，本书还安排了综合案例帮助读者了解商业案例的制作过程。

AIGC应用：本书还讲解了如何在3ds Max中应用AIGC技术，为设计提供更多的创意和灵感。

版面结构

课堂案例
对操作性较强又比较重要的知识点通过案例进行讲解，可以帮助读者快速学习软件相关功能的使用方法

综合案例
针对本书内容做综合性的操作练习，比课堂案例更为完整，操作步骤更加详细

案例位置
列出了案例的效果文件和素材文件在学习资源中的位置

课后习题
针对该章某些重要内容进行巩固练习，用于提高读者独立完成设计作品的能力

技巧与提示
对软件的实用操作技巧、制作过程中的难点和注意事项进行分析和讲解

本书属于吉林省2025年度职业教育与成人教育教学改革研究课题（项目批准号：2025ZCY395）研究成果。

目录

第3章 图形建模 051

第4章 灯光技术 065

第8章 动力学动画 133

第9章 粒子系统与粒子插件 153

第10章 综合案例 177

第 1 章

初识 3ds Max 2025

本章导读

本章将介绍中文版 3ds Max 2025 的软件界面，力
求让读者尽快熟悉软件的界面布局及基本操作，为
后面的学习打下基础。

学习要点

◆ 了解软件界面布局。
◆ 掌握视图的基本操作及对应的快捷键。
◆ 掌握创建及复制对象的方法。

1.1 3ds Max概述

3ds Max是欧特克公司出品的专业三维建模、渲染和动画软件，可以帮助用户创建广阔的虚拟世界和进行优质的设计。使用其强大的内置工具所创建出来的三维设计作品得到了众多世界知名动画公司及数字艺术家的认可。

本书采用中文版3ds Max 2025进行讲解，力求为读者由浅入深地详细讲解该软件的基本操作及中高级技术操作，使读者逐步掌握该软件的使用方法及操作技巧，能制作出高品质的效果图及动画作品。图1-1所示为中文版3ds Max 2025的软件启动界面。

图1-1

1.2 3ds Max应用场景

中文版3ds Max 2025可以为产品展示、建筑表现、园林景观设计、游戏、电影和运动图形等行业的设计人员提供一套全面的三维建模、动画、渲染以及合成的解决方案，应用场景非常广泛。图1-2～图1-5所示为使用该软件制作出来的三维图像作品。

图1-2

图1-3

图1-4

图1-5

1.3 3ds Max软件界面

要使用中文版3ds Max 2025，首先应熟悉软件的操作界面与布局，为以后的创作打下基础。图1-6所示为中文版3ds Max 2025打开之后的界面截图。

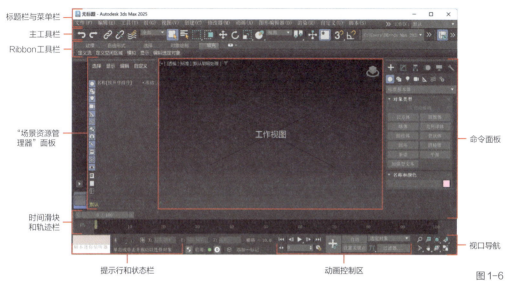

图1-6

1.3.1 课堂案例：自定义用户界面

文件位置　无
素材位置　无
视频名称　在线视频 >Ch01> 自定义用户界面 .mp4

01 启动中文版3ds Max 2025，可以看到软件的默认界面颜色为深灰色。执行"自定义>加载自定义用户界面方案"命令，如图1-7所示。

图1-7

02 在弹出的"加载自定义用户界面方案"对话框中选择ame-light.ui文件，单击"打开"按钮，如图1-8所示。

图1-8

03 系统自动弹出"加载自定义用户界面方案"提示对话框，提示用户需要重新启动软件，如图1-9所示。

图1-9

04 单击"确定"按钮，重新启动3ds Max 2025，软件的界面颜色变为浅灰色，如图1-10所示。

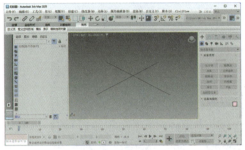

图1-10

1.3.2 标题栏与菜单栏

标题栏中显示了软件的版本号，菜单栏则位于标题栏下方，包含3ds Max 2025中的所有命令，有文件、编辑、工具、组、视图、创建、修改器、动画、图形编辑器、渲染、自定义、脚本、CivilView、Arnold、Substance和帮助这十几个分类，如图1-11所示。

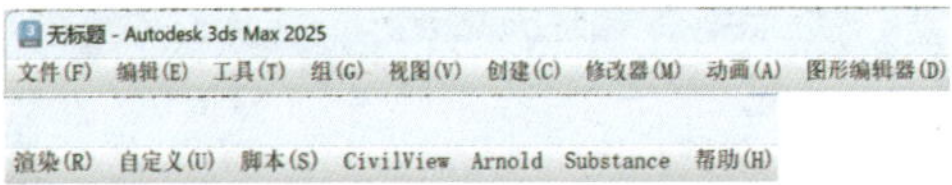

图1-11

1.3.3 主工具栏

主工具栏位于菜单栏下方，包含许多常用的常规命令按钮，这些按钮被多个垂直分隔线所隔开，如图1-12所示。

图1-12

常用参数解析

- ▚ "撤销"按钮：取消上一次的操作。
- ▚ "重做"按钮：取消上一次的"撤销"操作。
- ∅ "选择并链接"按钮：用于将两个或多个对象链接成父子层次关系。
- ∅ "断开当前选择链接"按钮：用于解除两个

对象之间的父子层次关系。

- ▚ "绑定到空间扭曲"按钮：将当前选择的对象附加到空间扭曲。
- 全部 ▼ "选择过滤器"下拉列表：可以通过此下拉列表来限制选择工具选择的对象类型。
- ▚ "选择对象"按钮：用于选择场景中的对象。
- ▚ "按名称选择"按钮：单击此按钮可打开"从场景选择"对话框，通过该对话框中的对象名称来选择对象。
- ▚ "矩形选择区域"按钮：在矩形选区内选择对象。
- ▚ "圆形选择区域"按钮：在圆形选区内选择对象。
- ▚ "围栏选择区域"按钮：在不规则的围栏选区内选择对象。
- ▚ "套索选择区域"按钮：通过鼠标操作在不规则的区域内选择对象。
- ▚ "绘制选择区域"按钮：通过绘制选区的方式来选择对象。
- ▚ "窗口/交叉"按钮：单击此按钮，可在"窗口"和"交叉"模式之间进行切换。
- ✛ "选择并移动"按钮：选择并移动所选择的对象。
- ↻ "选择并旋转"按钮：选择并旋转所选择的对象。
- ▚ "选择并均匀缩放"按钮：选择并均匀缩放所选择的对象。
- ▚ "选择并非均匀缩放"按钮：选择并以非均匀的方式缩放所选择的对象。
- ▚ "选择并挤压"按钮：选择并以挤压的方式缩放所选择的对象。
- ▚ "选择并放置"按钮：将对象准确地定位到另一个对象的表面。
- 视图 ▼ "参考坐标系"下拉列表：可以指定变换时所用的坐标系，默认选项为"视图"。
- ▚ "使用轴点中心"按钮：单击此按钮，可以围绕对象各自的轴点旋转或缩放一个或多个对象。

- ■ "使用选择中心"按钮：单击此按钮，可以围绕所选择对象共同的几何中心进行选择或缩放一个或多个对象。

- ■ "使用变换坐标中心"按钮：单击此按钮，可围绕当前坐标系中心旋转或缩放对象。

- ＋ "选择并操纵"按钮：单击此按钮，可通过在视口中拖动"操纵器"来编辑对象的控制参数。

- ■ "键盘快捷键覆盖切换"按钮：单击此按钮可以在"主用户界面"快捷键和组快捷键之间进行切换。

- ３ "捕捉开关"按钮：通过此按钮可以获得捕捉处于活动状态的3D空间的控制范围。

- ﾚ "角度捕捉开关"按钮：通过此按钮可以设置在执行旋转操作时进行预设角度旋转。

- ％ "百分比捕捉开关"按钮：按指定的百分比调整对象的缩放。

- ﾟ "微调器捕捉开关"按钮：用于切换设置微调器单击一次的增加值或减少值。

- ﾛ "编辑命名选择集"按钮：单击此按钮可以打开"命名选择集"对话框。

- 创建选择集 ▼ "创建选择集"下拉列表：使用此下拉列表可以调用选择集合。

- ﾚ "镜像"按钮：单击此按钮可以打开"镜像"对话框来详细设置镜像场景中的物体。

- ■ "对齐"按钮：将当前选择对象与目标对象进行对齐。

- ■ "快速对齐"按钮：可立即将当前选择对象的位置与目标对象的位置进行对齐。

- ﾟ "法线对齐"按钮：单击此按钮后会打开"法线对齐"对话框，在其中可设置物体表面基于另一个物体表面的法线方向进行对齐。

- ﾟ "放置高光"按钮：可将灯光或对象对齐到另一个对象上来精确定位其高光或反射。

- ■ "对齐摄影机"按钮：将摄影机与选定面的法线进行对齐。

- ﾟ "对齐到视图"按钮：单击此按钮后会打开"对齐到视图"对话框，在其中可将对象或子对象选择的局部轴与当前视口进行对齐。

- ■ "切换场景资源管理器"按钮：单击此按钮可打开"场景资源管理器-场景资源管理器"对话框。

- ▯ "切换层资源管理器"按钮：单击此按钮可打开"场景资源管理器-层资源管理器"对话框。

- ▦ "切换功能区"按钮：单击此按钮可显示或隐藏Ribbon工具栏。

- ■ "曲线编辑器"按钮：单击此按钮可打开"轨迹视图-曲线编辑器"面板。

- ▤ "图解视图"按钮：单击此按钮可打开"图解视图"面板。

- ■ "材质编辑器"按钮：单击此按钮可打开"材质编辑器"面板。

- ﾟ "渲染设置"按钮：单击此按钮可打开"渲染设置"面板。

- ■ "渲染帧窗口"按钮：单击此按钮可打开"渲染帧窗口"。

- ﾟ "渲染产品"按钮：渲染当前激活的视图。

1.3.4 Ribbon工具栏

Ribbon工具栏位于主工具栏下方，包含建模、自由形式、选择、对象绘制和填充五大部分，如图1-13～图1-17所示。

图1-13

图1-14

图1-15

图1-16

图1-17

1.3.5 "场景资源管理器"面板

在停靠在软件界面左侧的"场景资源管理器"面板中，不仅可以很方便地查看、排序、过滤和选择场景中的对象，还可以重命名、删除、隐藏和冻结场景中的对象，如图1-18所示。

图1-18

1.3.6 工作视图

在3ds Max 2025的整个操作界面中，工作视图区域占据了大部分界面空间，有利于工作的进行，如图1-19所示。

图1-19

按快捷键Alt+W，可以切换至四视图显示效果，如图1-20所示。再次按快捷键Alt+W，则可以切换回一个视口的显示效果。

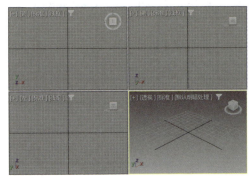

图1-20

💡 技巧与提示

当只显示一个视口时，可以通过按相应的快捷键来进行各个操作视口的切换。

切换至顶视图的快捷键是T。

切换至前视图的快捷键是F。

切换至左视图的快捷键是L。

切换至透视视图的快捷键是P。

当选择了一个视图时，可按快捷键Win+Shift切换至下一个视图。

按V键，则可以在弹出的"切换视图"菜单中进行视图的切换，如图1-21所示。

图1-21

1.3.7 命令面板

命令面板由"创建""修改""层次""运动""显示""实用程序"6个面板组成，默认状态下，命令面板显示为"创建"面板，如图1-22所示。其他5个面板的参数如图1-23~图1-27所示。

图1-22

图1-23

图1-24

图1-25

图1-26

图1-27

1.3.8 时间滑块和轨迹栏

时间滑块和轨迹栏位于"场景资源管理器"面板的下方，拖动滑块可显示不同时间段场景中物体对象的动画状态。默认状态下，场景中的时间帧数为100，帧数值可根据具体的动画制作需要进行更改，如图1-28所示。

图1-28

> **技巧与提示**
>
> 按住Ctrl+Alt键的同时单击鼠标左键，可以保证时间滑块右侧的时间帧位置不变而更改左侧的时间帧位置。
>
> 按住Ctrl+Alt键的同时单击鼠标中键，可以保证时间滑块的长度不变而改变两端的时间帧位置。
>
> 按住Ctrl+Alt键的同时单击鼠标右键，可以保证时间滑块左侧的时间帧位置不变而更改右侧的时间帧位置。

1.3.9 提示行和状态栏

提示行和状态栏可以显示当前有关场景和活动命令的提示和操作状态。它们位于轨迹栏的下方，如图1-29所示。

图1-29

1.3.10 动画控制区

动画控制区具有可用于在视口中进行动画播放的时间控件，使用这些控件可随时控制场景文件中的时间来播放并观察动画，如图1-30所示。

图1-30

常用参数解析

• "转至开头"按钮：转至动画的初始播放位置。

• "上一帧"按钮：转至动画的上一帧。

- ▶"播放动画"按钮：播放动画，单击后会变成"停止播放动画"按钮。
- ⊪"下一帧"按钮：转至动画的下一帧。
- ⊯"转至结尾"按钮：转至动画的结尾。
- ⟺"关键点模式切换"按钮：用于切换关键点模式。
- 0 帧显示：显示当前动画的时间帧位置。
- ⦿"时间配置"按钮：单击此按钮会弹出"时间配置"对话框，在其中可以进行当前场景内动画帧数的设定等操作。
- ✛"设置关键点"按钮：单击此按钮可以为所选对象添加关键点。
- 自动"自动"按钮：单击此按钮可进入"自动关键点模式"。
- 设置关键点"设置关键点"按钮：单击此按钮可进入"设置关键点模式"。
- Ⲡ"新建关键点的默认入/出切线"按钮：用于设置新建动画关键点的默认入/出切线类型。
- 过滤器... "打开过滤器对话框"按钮：也就是关键点过滤器，用于设置所选对象的哪些属性可以设置关键帧。

1.3.11 视口导航

在视口导航区域，用户可使用这些按钮在活动的视口中导航场景，它位于软件界面的右下方，如图1-31所示。

图1-31

常用参数解析

- 🔍"缩放"按钮：控制视口的缩放，可以在透视视图或正交视图中通过拖曳鼠标的方式来调整对象的显示比例。
- 🔍"缩放所有视图"按钮：同时调整所有视图中对象的显示比例。
- 🔍"最大化显示选定对象"按钮：最大化显示选定的对象，快捷键为Z。

- 🔍"所有视图最大化显示选定对象"按钮：在所有视口中最大化显示选定的对象。
- ▷"视野"按钮：控制在视口中观察的"视野"。
- 🖐"平移视图"按钮：平移视图工具，快捷键为鼠标中键。
- ✎"环绕子对象"按钮：单击此按钮可以进行环绕视图操作。
- 🔲"最大化视口切换"按钮：控制一个视口与多个视口的切换。

1.4 3ds Max基本操作

下面介绍软件的基本操作，以便后续知识的学习。

1.4.1 课堂案例：设置视图显示方式

文件位置	无
素材位置	无
视频名称	在线视频 >Ch01> 设置视图显示方式 .mp4

01 启动中文版3ds Max 2025，单击"创建"面板中的"长方体"按钮，如图1-32所示。在场景中创建一个长方体，如图1-33所示。

02 在"修改"面板的"参数"卷展栏中，设置"长度"为50、"宽度"为60、"高度"为35，如图1-34所示。

图1-32

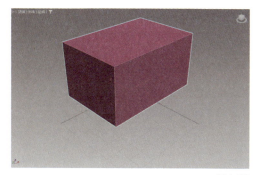

图 1-33

图 1-34

设置完成后，长方体效果如图1-35所示。

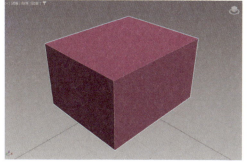

图 1-35

在"场景资源管理器"面板中，可以查看场景中对象的名称，如图1-36所示。

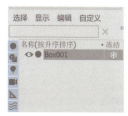

图 1-36

03 将视图显示方式设置为"边界框"，长方体显示效果如图1-37所示。

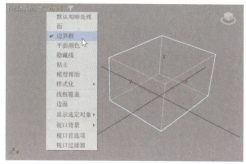

图 1-37

04 将视图显示方式设置为"平面颜色"，长方体显示效果如图1-38所示。

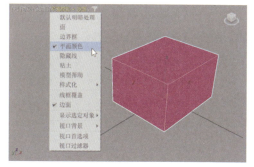

图 1-38

05 将视图显示方式设置为"粘土"，长方体显示效果如图1-39所示。

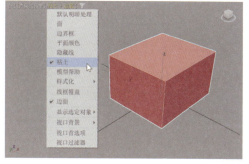

图 1-39

06 将视图显示方式设置为"石墨"，长方体显示效果如图1-40所示。

图1-40

07 将视图显示方式设置为"彩色铅笔"，长方体显示效果如图1-41所示。

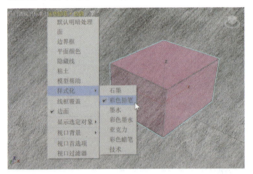

图1-41

08 将视图显示方式设置为"墨水"，长方体显

示效果如图1-42所示。

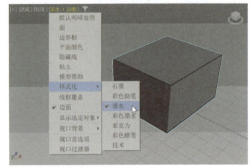

图1-42

09 将视图显示方式设置为"彩色墨水"，长方体显示效果如图1-43所示。

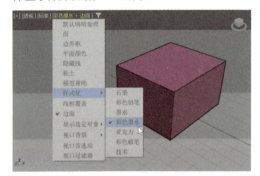

图1-43

> 💡 **技巧与提示**
>
> 　　3ds Max提供了多种不同的视图显示效果，读者可以自行尝试使用其他的视图显示效果。

1.4.2 选择对象

　　在对象上执行某个操作时，首先要选中它们，因为场景中的每个对象都带有一些指令，这些指令会告诉3ds Max用户可以通过它来执行的操作。这种工作模式类似于"名词-动词"工作流，先选择对象（名词），然后选择命令（动词）。因此，正确、快速地选择对象在3ds Max操作中显得尤为重要。

　　"选择对象"是3ds Max所提供的重要工具之一，方便用户在复杂的场景中选择单个或者多个对象。当用户想要选择某个对象并且又不想移动它时，这个工具是最佳选择。"选择对象"按钮是3ds Max软件打开后默认选中的工具，其命令按钮位于主工具栏中，如图1-44所示。

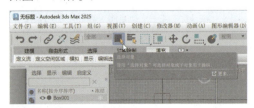

图1-44

当用户希望一次选择多个对象时，则可以通过区域选择的方式来选择对象。3ds Max为用户提供了5个区域选择按钮，分别是"矩形选择区域"按钮、"圆形选择区域"按钮、"围栏选择区域"按钮、"套索选择区域"按钮和"绘制选择区域"按钮，如图1-45所示。

图1-45

1.4.3 设置组

在制作项目时，如果场景中对象数量过多，选择起来会非常困难。这时，可以将一系列同类的模型或者有关联的模型组合在一起。对象成组后，可以视这个组为单个的对象，在视口中单击组中的任意一个对象可选择整个组，这样就大大方便了之后的操作。有关组的命令如图1-46所示。

图1-46

1.4.4 变换操作

变换操作主要指改变所选对象的位置、旋转角度和大小，当用户选择对象后，单击鼠标右键，在弹出的菜单中通过选择"移动""旋转""缩放""放置"4个命令即可完成对所选对象的变换操作，如图1-47所示。

图1-47

"移动""旋转""缩放""放置"4个命令对应的物体"变换Gizmo"显示效果分别如图1-48~图1-51所示。

图1-48

图1-49

图1-50

图1-51

1.5 | 课后习题

1.5.1 课后习题：复制对象

文件位置　　　无
素材位置　　　无
视频名称　　　在线视频 >Ch01> 复制对象 .mp4

01 启动中文版3ds Max 2025，在"创建"面板中单击"茶壶"按钮，如图1-52所示。在场景中创建一个茶壶模型，如图1-53所示。

图1-52

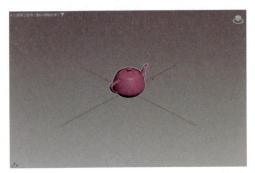

图1-53

02 按住Shift键,使用"移动"工具拖动茶壶模型复制出一个新的茶壶模型,如图1-54所示。复制的同时,还会弹出"克隆选项"对话框,如图1-55所示,在这里可以通过"副本数"来设置复制的数量。

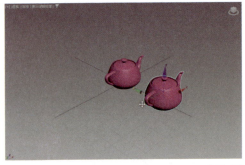

图1-54

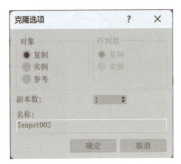

图1-55

03 单击"创建"面板中的"线"按钮,如图1-56所示。

04 在场景中创建一条线,如图1-57所示。

05 选择场景中的茶壶模型,执行"工具>对齐>间隔工具"命令,在系统自动弹出的"间隔

工具"窗口中,单击"拾取路径"按钮,如图1-58所示。

图1-56

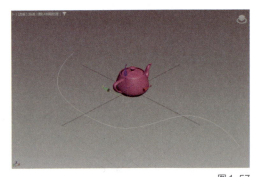

图1-57

图1-58

06 单击场景中的线,这样,线的名称将会出现在"拾取路径"按钮上。接下来,设置"计数"的值为9,如图1-59所示,得到图1-60所示的

茶壶模型。

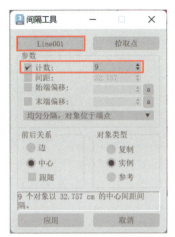

图 1-59

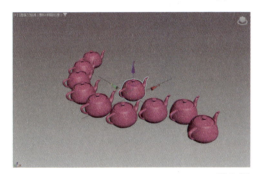

图 1-60

07 勾选"跟随"复选框,如图1-61所示。该复选框会影响复制出的茶壶模型的旋转方向,如图1-62所示。

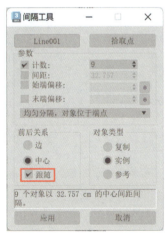

图 1-61

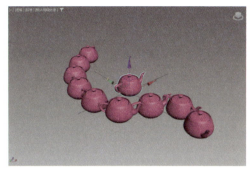

图 1-62

1.5.2 课后习题:视图切换

文件位置　无
素材位置　无
视频名称　在线视频 >Ch01> 视图切换 .mp4

01 启动中文版3ds Max 2025,单击"创建"面板中的"茶壶"按钮,如图1-63所示。在场景中创建一个茶壶模型,如图1-64所示。

图 1-63

图 1-64

02 按F键,可切换至前视图,效果如图1-65所示。

图1-65

03 按L键,可切换至左视图,效果如图1-66所示。

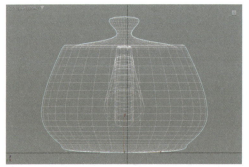

图1-66

04 按T键,可切换至顶视图,效果如图1-67所示。

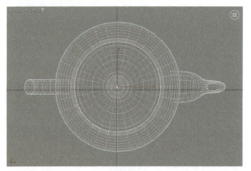

图1-67

05 按P键,可切换至透视视图,如图1-68所示。

图1-68

06 按U键,可切换至正交视图,效果如图1-69所示。

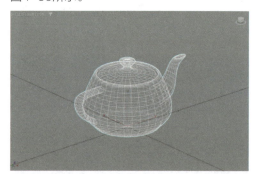

图1-69

07 在视图的名称上单击,可在弹出的菜单中选择切换至其他视图,如图1-70所示。

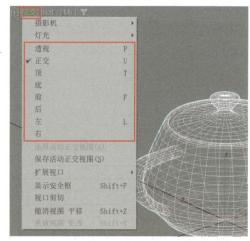

图1-70

第 2 章

几何体建模

本章导读

本章将详细介绍中文版 3ds Max 2025 中的几何体建模技术，并通过典型实例为读者讲解几何体建模的基本思路及相关工具的使用方法。本章非常重要，请读者务必认真学习。

学习要点

◆ 了解几何体建模的基本思路。

◆ 掌握可编辑多边形。

◆ 掌握创建细节丰富的模型的方法。

2.1 几何体按钮概述

中文版3ds Max 2025的"创建"面板中放置了一些简单的几何体按钮供用户选择使用，读者应熟练掌握这些按钮的使用方法，因为很多造型复杂的模型就是在最简单的几何体的基础上进行修改得到的。图2-1和图2-2所示为一辆低面数风格的卡车模型。

图2-1

图2-2

2.2 标准基本体

"创建"面板提供了许多用于创建简单几何体模型的按钮，它们都属于标准基本体，如图2-3所示。

图2-3

2.2.1 课堂案例：制作桌子模型

文件位置	工程文件 >Ch02> 桌子 - 完成 .max
素材位置	无
视频名称	视频文件 >Ch02> 制作桌子模型 .mp4

在室内设计项目中，常常需要制作一些简单的家具模型。本案例主要讲解如何使用长方体来制作桌子模型，最终渲染效果如图2-4所示。

图2-4

01 启动中文版3ds Max 2025，单击"创建"面板中的"长方体"按钮，如图2-5所示。在场景中创建一个长方体模型。

02 在"修改"面板中，展开"参数"卷展栏，设置"长度"为90、"宽度"为60、"高度"为3，如图2-6所示。

图2-5 图2-6

03 设置长方体在场景中的位置，如图2-7所示。

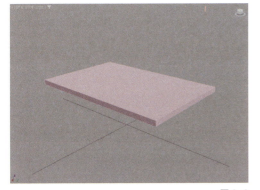

图2-7

设置完成后，长方体的视图显示效果如图2-8所示。

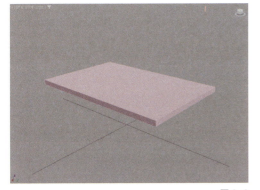

图2-8

04 单击"创建"面板中的"长方体"按钮，再次在场景中创建一个长方体模型，如图2-9所示，用来制作桌子腿。

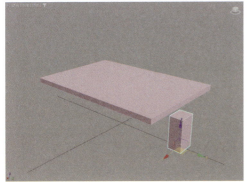

图2-9

05 在"参数"卷展栏中，设置"长度"为6、"宽度"为6、"高度"为25，如图2-10所示。

图2-10

06 设置该长方体在场景中的位置，如图2-11所示。

图2-11

设置完成后，长方体的视图显示效果如图2-12所示。

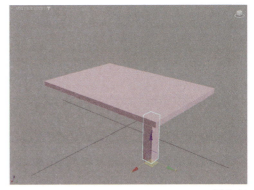

图2-12

07 在"修改"面板中，为其添加"对称"修改器，并选择"镜像"，如图2-13所示。

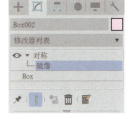

图2-13

08 设置镜像的位置，如图2-14所示。

图2-14

09 在"对称"卷展栏中，使"镜像轴"区域的X按钮和Y按钮处于按下状态，如图2-15所示，可得到图2-16所示的桌子腿模型效果。

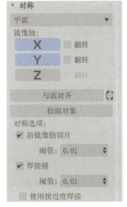

图2-15

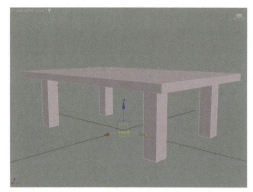

图 2-16

10 选择场景中的所有模型，为其添加"切角"修改器，如图2-17所示。

11 在"参数"卷展栏中，设置"数量"为0.2、"分段"为0，如图2-18所示。

图 2-17

图 2-18

本案例制作完成的模型效果如图2-19所示。

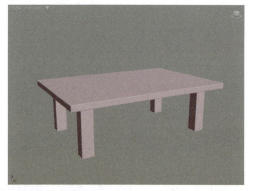

图 2-19

技巧与提示

有关模型材质、灯光及渲染方面的知识，请读者阅读本书相关章节进行学习。

2.2.2 长方体

在"创建"面板中单击"长方体"按钮，可在场景中创建长方体模型，如图2-20所示。

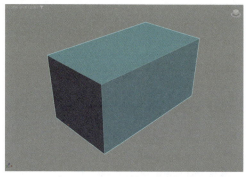

图 2-20

"参数"卷展栏中的参数如图2-21所示。

图 2-21

常用参数解析

• 长度/宽度/高度：设置长方体的长度值/宽度值/高度值。

• 长度分段/宽度分段/高度分段：设置长方体长度/宽度/高度的分段值。

• 生成贴图坐标：为模型生成贴图坐标。

• 真实世界贴图大小：根据真实世界比例来缩放贴图。

2.2.3 球体

在"创建"面板中单击"球体"按钮，可在场景中创建球体模型，如图2-22所示。

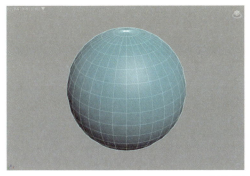

图 2-22

"参数"卷展栏中的参数如图2-23所示。

常用参数解析

• 半径：设置球体的半径值。

• 分段：设置球体的分段值。

• 平滑：为球体模型创建平滑的显示效果，默认勾选。图2-24所示为该复选框勾选前后的显示效果对比。

参数

半径:	25.0
分段:	32

☑ 平滑

半径: 0.0

◉ 切除 ○ 挤压

☐ 启用切片

切片起始位置: 0.0

切片结束位置: 0.0

☐ 轴心在底部
☑ 生成贴图坐标
☐ 真实世界贴图大小

图 2-23

图 2-24

• 半球：设置球体的半球效果，有"切除""挤压"两种计算方式。图2-25所示分别为计算方式为"切除"且"半球"值是0、0.3、0.6和0.9的显示效果。

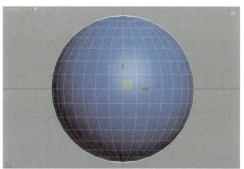

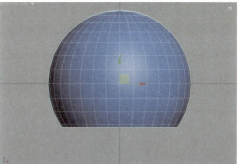

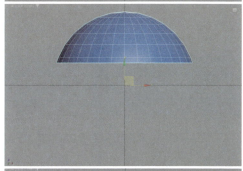

图 2-25

• 启用切片：对球体进行切片，根据"切片起始位置"和"切片结束位置"来计算切片效果。

- **轴心在底部**：设置球体的轴心位于球体的底部。

2.2.4 几何球体

在"创建"面板中单击"几何球体"按钮，可在场景中创建几何球体模型，如图2-26所示。

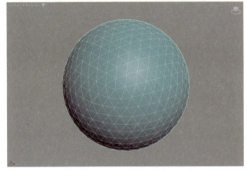

图2-26

"参数"卷展栏中的参数如图2-27所示。

常用参数解析

- **半径**：设置几何球体的半径值。
- **分段**：设置几何球体的分段值。

图2-27

- **基点面类型**：有"四面体""八面体""二十面体"3种可选，图2-28所示分别为这3种类型的模型显示效果。

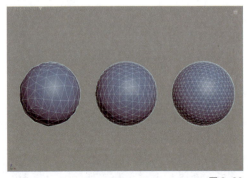

图2-28

2.2.5 圆柱体

在"创建"面板中单击"圆柱体"按钮，可在场景中创建圆柱体模型，如图2-29所示。

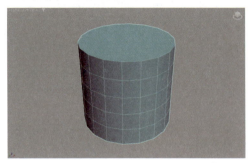

图2-29

"参数"卷展栏中的参数如图2-30所示。

常用参数解析

- **半径**：设置圆柱体的半径值。
- **高度**：设置圆柱体的高度值。
- **高度分段/端面分段**：设置圆柱体高度/端面的分段值。
- **边数**：设置圆柱体的边数。

图2-30

2.2.6 茶壶

在"创建"面板中单击"茶壶"按钮，可在场景中创建茶壶模型，如图2-31所示。

图2-31

"参数"卷展栏中的参数如图2-32所示。

图 2-32

常用参数解析

• 半径：设置茶壶的半径值。

• 分段：设置茶壶的分段值。

• 茶壶部件：取消勾选某部件，则茶壶会去掉对应的部分。

2.3 多边形建模

多边形建模是目前最为流行的三维建模方式。用户只需为场景中的对象添加"编辑多边形"修改器，即可使用这一技术。使用多边形建模技术几乎可以做出任何模型，比如工业产品模型、建筑景观模型、卡通角色模型等。多边形对象的创建方法主要有两种，一种是直接将要修改的对象转换为"可编辑的多边形"，另一种是在"修改"面板的下拉列表中为对象添加"编辑多边形"修改器。在"修改"面板中，可以看到"可编辑多边形"下设"顶点""边""边界""多边形""元素"5个子层级，如图2-33所示。

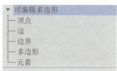

图 2-33

2.3.1 课堂案例：制作剑模型

文件位置　工程文件 >Ch02> 剑 - 完成 .max
素材位置　无
视频名称　视频文件 >Ch02> 制作剑模型 .mp4

在游戏项目中，常常需要制作一些低面数的武器模型。本案例主要讲解如何使用多边形建模技术来制作剑模型，最终渲染效果如图2-34所示。

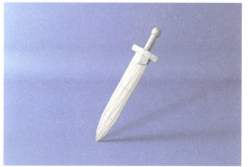

图 2-34

01 启动中文版3ds Max 2025，单击"创建"面板中的"长方体"按钮，如图2-35所示。在场景中创建一个长方体模型。

02 在"修改"面板中，展开"参数"卷展栏，设置"长度"为90、"宽度"为20、"高度"为5、"长度分段"为4、"宽度分段"为4，如图2-36所示。

图 2-35　　　　　　　　图 2-36

设置完成后，长方体的视图显示效果如图2-37所示。

03 选择长方体，单击鼠标右键并执行"转换为：>转换为可编辑多边形"命令，如图2-38所示。

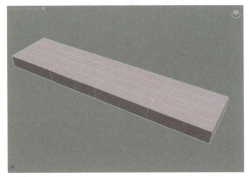

图2-37

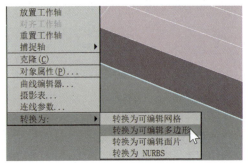

图2-38

04 选择图2-39所示的面，使用缩放工具调整其至图2-40所示的形状。

05 在顶视图中，调整模型的顶点至图2-41所示的位置，制作出剑刃的大概形状。

06 在左视图中，调整模型的顶点至图2-42所示的位置，制作出剑刃的厚度。

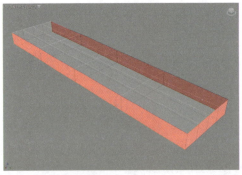

图2-39

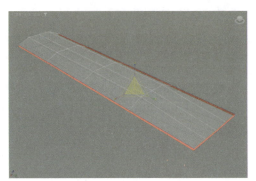

图2-40

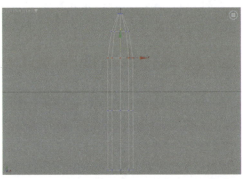

图2-41

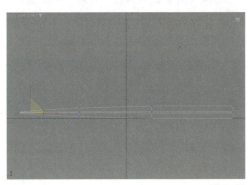

图2-42

制作完成的剑刃模型效果如图2-43所示。

07 单击"创建"面板中的"长方体"按钮，再次在场景中创建一个长方体模型，用来制作剑柄。在"修改"面板中，展开"参数"卷展栏，设置"长度"为5、"宽度"为25、"高度"为5、"长度分段"为1、"宽度分段"为4，如图2-44所示。

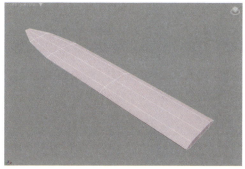

图2-43

设置完成后，调整长方体的位置，如图2-45所示。

图2-44

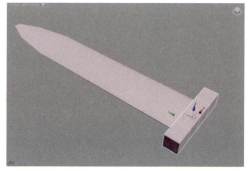

图2-45

08 将长方体转换为可编辑多边形后，选择图2-46所示的面，使用缩放工具将其调整至图2-47所示的形状。

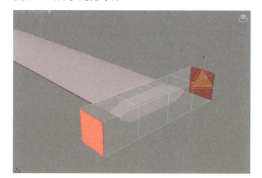

图2-46

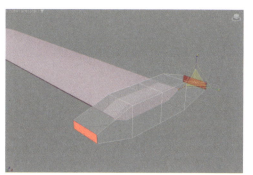

图2-47

09 选择图2-48所示的面，使用"挤出"工具制作出图2-49所示的模型效果。

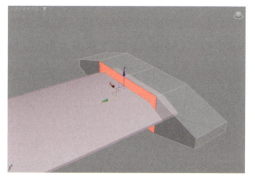

图2-48

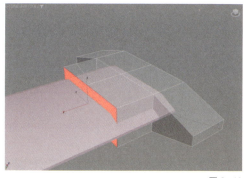

图2-49

10 选择图2-50所示的边线，调整其位置，如图2-51所示。

11 选择图2-52所示的边线，调整其位置，如图2-53所示。

图 2-50

图 2-51

图 2-52

图 2-53

12 单击"创建"面板中的"圆柱体"按钮,如图2-54所示。在场景中创建一个圆柱体模型。

13 在"修改"面板中,展开"参数"卷展栏,设置"半径"为3、"高度"为20、"边数"为8,如图2-55所示。

图 2-54   图 2-55

14 设置完成后,调整其至图2-56所示的位置和角度。

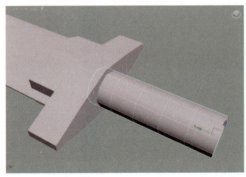

图 2-56

15 将圆柱体转换为可编辑多边形后,选择图2-57所示的面,使用"挤出"工具制作出图2-58所示的模型效果。

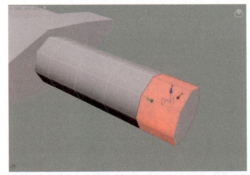

图 2-57

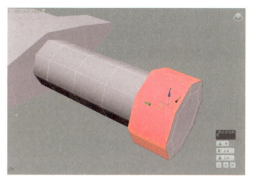

图 2-58

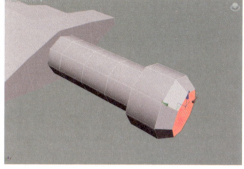

图 2-60

16 选择图2-59所示的面,调整其至图2-60所示的位置。

本案例制作完成的模型效果如图2-61所示。

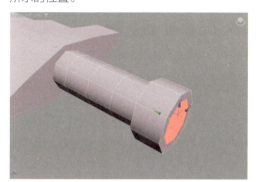

图 2-59

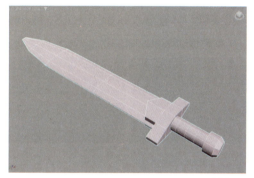

图 2-61

> 💡 **技巧与提示**
>
> 通过这个案例,我们可以发现,将复杂的模型分部分制作,制作过程就会变得比较简单。当读者熟练掌握多边形建模技术后,可以自行尝试制作更加复杂的模型。

2.3.2 顶点

顶点的位置决定了多边形的形状,当其被移动时,多边形的形状也会受影响。选择"顶点",如图2-62所示,可对多边形的顶点进行编辑。

在"顶点"子层级中,"修改"面板会显示"编辑顶点"卷展栏,如图2-63所示。

图 2-62

图 2-63

常用参数解析

• **移除:** 删除选中的顶点以及与该顶点相接的边线,快捷键是Backspace键,如图2-64所示。

图 2-64

- **断开**：将选中的顶点断开，得到多个顶点，如图2-65所示。

图 2-65

- **挤出**：挤出所选择的顶点，如图2-66所示。

图 2-66

- **焊接**：将指定的阈值范围内的选定顶点合并，如图2-67所示。

图 2-67

- **切角**：对所选择的顶点进行切角，如图2-68所示。

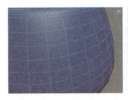

图 2-68

- **目标焊接**：将选择的顶点焊接到相邻的顶点上。

- **连接**：在选中的顶点之间连接出新的边线。
- **移除孤立顶点**：删除孤立的顶点。
- **移除未使用的贴图顶点**：删除没有使用到贴图的顶点。

2.3.3 边

边是连接顶点的直线段，选择"边"，如图2-69所示，可对多边形的边进行编辑。

在"边"子层级中，"修改"面板会显示"编辑边"卷展栏，如图2-70所示。

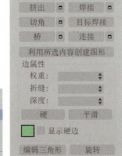

图 2-69　　　　　　　　图 2-70

常用参数解析

- **插入顶点**：在所选择的边线上添加顶点。
- **移除**：删除选定边，如图2-71所示。

图 2-71

- **分割**：沿着选定边分割网格。
- **挤出**：挤出所选择的边线，如图2-72所示。

图 2-72

- **焊接**：将指定的阈值范围内的选定边线合并。
- **切角**：为选择的边创建两条或更多新边，如图2-73所示。

图 2-73

- **目标焊接**：将选择的边线焊接到相邻的边线上，如图2-74所示。

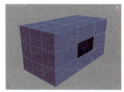

图 2-74

- **桥**：在所选择的边线之间建立新的面，如图2-75所示。

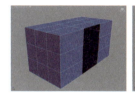

图 2-75

- **连接**：在所选择的边之间创建新的边线，如图2-76所示。

图 2-76

- **利用所选内容创建图形**：根据所选择的边线创建新的样条线。
- **编辑三角形**：将多边形面显示为三角形，如图2-77所示。

图 2-77

- **旋转**：以单击的方式来旋转虚线，如图2-78所示。

图 2-78

2.3.4 边界

边界是指多边形上孔洞的边缘，即一个完整闭合的模型因缺失了部分的面而产生了开口的地方，常被用来检查模型是否有破面。选择"边界"，如图2-79所示，可对多边形的边界进行编辑。

在"边界"子层级中，"修改"面板会显示"编辑边界"卷展栏，如图2-80所示。

图 2-79　　　　　　图 2-80

常用参数解析

- **挤出**：挤出所选择的边界，如图2-81所示。

图 2-81

- **插入顶点**：在所选择的边界上添加顶点。
- **切角**：为所选择的边界创建两条或更多新边，如图2-82所示。

图2-82

- **封口**：在所选对象缺面的地方创建一个面，如图2-83所示。

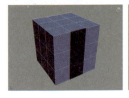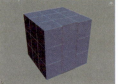

图2-83

- **桥**：在所选择的两个对象边界位置处创建面来进行连接，如图2-84所示。

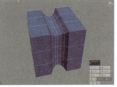

图2-84

- **连接**：在选定边界对之间创建新边，这些边可以通过其中的点相连。
- **利用所选内容创建图形**：根据选定的边界来创建新的样条线图形。

2.3.5 多边形

多边形是指模型上由3条或3条以上边线所构成的面，选择"多边形"，如图2-85所示，可对多边形的面进行编辑。

图2-85

在"多边形"子层级中，"修改"面板会显示"编辑多边形"卷展栏，如图2-86所示。

图2-86

常用参数解析

- **插入顶点**：在所选择的面上添加顶点。
- **挤出**：挤出所选择的面，如图2-87所示。

图2-87

- **轮廓**：用于增大或减小所选择的面，如图2-88所示。

图2-88

- **倒角**：对所选择的面进行倒角，如图2-89所示。

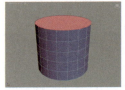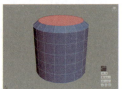

图2-89

- **插入**：在所选择的面上插入一个面，如图2-90所示。

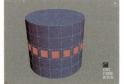

图2-90

- 桥：对所选择的面进行桥接。
- 翻转：反转所选择面的法线方向，如图2-91所示。

图 2-91

- 从边旋转：选择面后，使用该工具可以以面上所选择的边线为轴进行旋转，如图2-92所示。

图 2-92

- 沿样条线挤出：沿样条线挤出所选择的面，如图2-93所示。

图 2-93

2.3.6 元素

元素用于快速选中多边形内部整个的几何体。选择"元素"，如图2-94所示，可对多边形的元素进行编辑。

在"元素"子层级中，"修改"面板会显示"编辑元素"卷展栏，如图2-95所示。

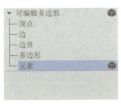

图 2-94   图 2-95

2.4 修改器建模

修改器是3ds Max为用户提供的一种用于解决对模型进行重新塑形、编辑贴图、添加动画等制作技术问题的命令集合。这些命令集合被放置于"修改"面板的"修改器列表"里。当用户选择场景中的对象后，便可以在"修改器列表"里选择合适的修改器来进行下一步的操作。

2.4.1 课堂案例：制作沙发模型

文件位置	工程文件 >Ch02> 沙发 - 完成 .max
素材位置	无
视频名称	视频文件 >Ch02> 制作沙发模型 .mp4

在动画项目中，常常需要制作一些简单的家具模型。本案例主要讲解如何使用多个修改器来制作沙发模型，最终渲染效果如图2-96所示。

图 2-96

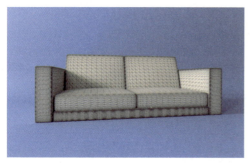

图2-96（续）

01 启动中文版3ds Max 2025，单击"创建"面板中的"长方体"按钮，如图2-97所示。在场景中创建一个长方体模型。

02 在"参数"卷展栏中，设置"长度"为80、"宽度"为40、"高度"为5，如图2-98所示。

图2-97　　　　　　图2-98

设置完成后，长方体的视图显示效果如图2-99所示。

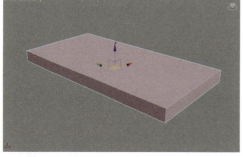

图2-99

03 单击"创建"面板中的"长方体"按钮，在场景中创建一个长方体模型，用来制作沙发扶

手。在"修改"面板中，展开"参数"卷展栏，设置"长度"为8、"宽度"为40、"高度"为25，如图2-100所示。

图2-100

设置完成后，调整长方体至图2-101所示的位置。

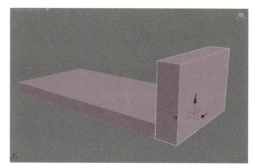

图2-101

04 单击"创建"面板中的"长方体"按钮，在场景中创建一个长方体模型，用来制作沙发靠背。在"修改"面板中，展开"参数"卷展栏，设置"长度"为96、"宽度"为5、"高度"为25，如图2-102所示。

图2-102

设置完成后，调整长方体至图2-103所示的位置。

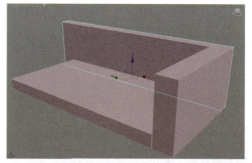

图2-103

05 将长方体转换为可编辑多边形后，使用"附加"工具将场景中的另外两个长方体附加至一起，如图2-104所示，使之成为一个模型。

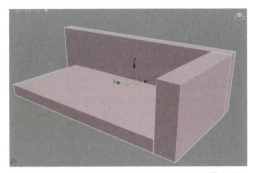

图 2-104

06 在"修改"面板中，为其添加"切角"修改器，如图2-105所示。

07 在"参数"卷展栏中，设置"数量"为0.8，如图2-106所示。

图 2-105　　　　　　图 2-106

08 在"修改"面板中，为其添加"对称"修改器，如图2-107所示。

图 2-107

09 在"对称"卷展栏中，使"镜像轴"区域的Y按钮处于按下状态，勾选"翻转"复选框，如图2-108所示，制作出图2-109所示的模型效果。

图 2-108

图 2-109

10 在"修改"面板中，为其添加"涡轮平滑"修改器。在"涡轮平滑"卷展栏中，设置"迭代次数"为3，如图2-110所示，制作出图2-111所示的模型效果。

图 2-110

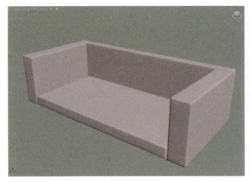

图2-111

11 单击"创建"面板中的"长方体"按钮，在场景中创建一个长方体模型，用来制作坐垫。在"修改"面板中，展开"参数"卷展栏，设置"长度"为40、"宽度"为30、"高度"为8、"长度分段"为3、"宽度分段"为3，如图2-112所示。

图2-112

12 设置完成后，调整长方体的位置，如图2-113所示。

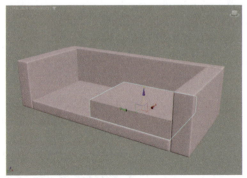

图2-113

13 将长方体转换为可编辑多边形后，选择

图2-114所示的面，调整其至图2-115所示的位置。

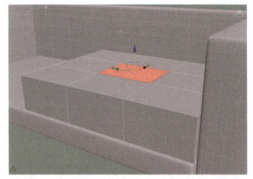

图2-114

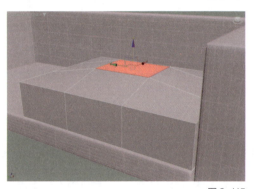

图2-115

14 在"修改"面板中，为其添加"切角"修改器，如图2-116所示。

图2-116

15 在"参数"卷展栏中，设置"数量"为1.5，如图2-117所示。

16 在"修改"面板中，为其添加"涡轮平滑"修改器。在"涡轮平滑"卷展栏中，设置"迭代次数"为2，如图2-118所示。

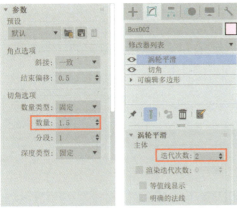

图 2-117　　　　　　图 2-118

制作完成的沙发坐垫模型效果如图2-119所示。

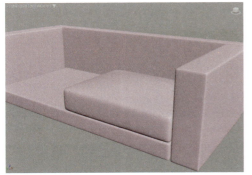

图 2-119

⑰ 对沙发坐垫模型进行复制，并调整其角度和位置，如图2-120所示，制作出沙发的靠背垫子。

图 2-120

⑱ 在"修改"面板中，为其添加FFD 3×3×3修改器，并选择"控制点"，如图2-121所示。

图 2-121

⑲ 设置控制点的位置，如图2-122所示，微调沙发靠背垫子的形状。

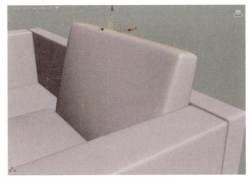

图 2-122

⑳ 对制作好的沙发靠背垫子进行复制，调整其位置和角度。本案例制作完成的模型效果如图2-123所示。

图 2-123

2.4.2 "切角"修改器

"切角"修改器可以为模型的转折部分应用切角效果,其"参数"卷展栏中的参数如图2-124所示。

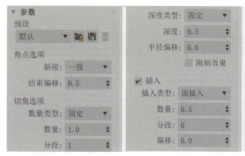

图 2-124

常用参数解析

• **斜接**:设置边线连接到顶点的方式。图2-125所示为该选项分别设置成"四边形""三角形""一致"的模型显示效果。

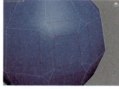

图 2-125

• **结束偏移**:调整切角边线两侧顶点的位置。图2-126所示分别为该值是0、0.5和1的模型显示效果。

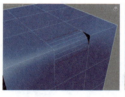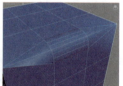

图 2-126

• **数量类型**:设置切角的数量类型。图2-127所示为该选项分别设置成"固定""按权重""旧版"的模型显示效果。

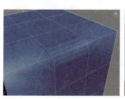

图 2-127

• **数量**:设置切角的宽度。
• **分段**:设置切角的分段数量。
• **深度类型**:设置控制切角深度的方法。
• **深度**:深度数值>0,则生成凸面;深度数值=0,则生成平面;深度数值<0,则生成凹面。图2-128所示分别为该值是0.5、0和-0.5的模型显示效果。

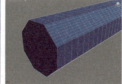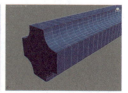

图 2-128

• **半径偏移**:微调切角的角半径。
• **插入类型**:设置插入类型。
• **数量**:设置插入边线的位置。图2-129所示分别为该值是5和8的模型显示效果。

图 2-129

- **分段**：设置插入边线的分段数量。
- **偏移**：设置插入边线的偏移值。

2.4.3 "对称"修改器

"对称"修改器一般用于制作左右对称的模型。"对称"卷展栏中的参数如图 2-130 所示。

图 2-130

常用参数解析

- **下拉列表**：设置切片的类型，有"平面""径向"两种类型可选。
- **镜像轴X/Y/Z**：用于设置镜像轴的方向。
- **翻转**：勾选此复选框，将对称翻转到对应轴的另一侧。
- **与面对齐**：用于对齐镜像轴的位置。
- **拾取对象**：从场景中选择参考对象。
- **沿镜像轴切片**：勾选此复选框，设置镜像轴为切片。
- **焊接缝**：勾选此复选框，将顶点间距小于"阈值"的顶点焊接在一起。
- **使用接近度焊接**：勾选此复选框会启用接近度算法来焊接顶点。

2.4.4 "涡轮平滑"修改器

"涡轮平滑"修改器一般用于制作更加平滑的模型效果。"涡轮平滑"卷展栏中的参数如图2-131所示。

图 2-131

常用参数解析

- **迭代次数**：设置网格细分的次数。
- **渲染迭代次数**：设置渲染时，网格细分的次数。
- **等值线显示**：勾选后，模型表面仅显示等值线。图2-132所示为勾选该复选框前后的模型显示效果对比。

图 2-132

2.4.5 FFD修改器

FFD修改器一般用于修改模型的形状，有FFD 2×2×2、FFD 3×3×3、FFD 4×4×4、FFD（圆柱体）和FFD（长方体）5种，如图2-133所示。这些修改器的参数非常相似，这里以FFD 3×3×3修改器为例进行介绍，"FFD参数"卷展栏中的参数如图2-134所示。

常用参数解析

- 晶格：设置晶格是否显示。
- 源体积：勾选后，则晶格会显示为未修改的初始状态。
- 仅在体内：仅影响源体积内的网格。
- 所有顶点：影响网格上的所有顶点。
- 重置：将所有控制点返回至它们的原始位置。

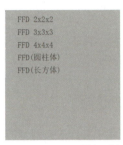

图2-133

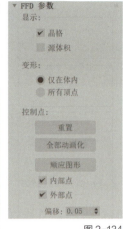

图2-134

2.5 课后习题

2.5.1 课后习题：制作文字模型

文件位置	工程文件>Ch02>文字 – 完成.max
素材位置	无
视频名称	视频文件>Ch02>制作文字模型.mp4

在电商项目中，常常需要制作一些立体文字模型。本习题使用加强型文本来制作立体文字模型，最终渲染效果如图2-135所示。

图2-135

01 启动中文版3ds Max 2025，单击"创建"面板中的"加强型文本"按钮，如图2-136所示。在场景中创建一个文字模型，如图2-137所示。

中选择"凹面",如图2-139所示。

图 2-136

图 2-138　　　　　　图 2-139

制作完成的模型效果如图2-140所示。

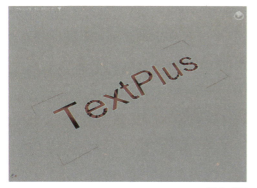

图 2-137

图 2-140

02 在"参数"卷展栏中,设置文本的内容为Hello、"字体"为Arial Black,如图2-138所示。

03 在"几何体"卷展栏中,设置"挤出"为5,勾选"应用倒角"复选框,在下方的下拉列表

💡 **技巧与提示**

读者可以自行尝试在下拉列表中选择不同的选项来得到不同的倒角文字效果。

2.5.2 课后习题:制作方碗模型

文件位置　工程文件 >Ch02> 方碗 – 完成 .max
素材位置　无
视频名称　视频文件 >Ch02> 制作方碗模型 .mp4

在室内设计项目中,常常需要制作一些简单的餐具模型。本习题使用多边形建模技术来制作方碗模型,最终渲染效果如图2-141所示。

图 2-141

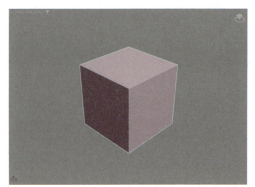

图 2-144

03 将长方体转换为可编辑多边形后，选择图 2-145 所示的面，使用缩放工具调整其大小，如图 2-146 所示。

01 启动中文版 3ds Max 2025，单击"创建"面板中的"长方体"按钮，如图 2-142 所示。在场景中创建一个长方体模型。

02 在"修改"面板中，展开"参数"卷展栏，设置"长度"为 15、"宽度"为 15、"高度"为 15，如图 2-143 所示。

图 2-142

图 2-143

设置完成后，长方体的视图显示效果如图 2-144 所示。

图 2-145

图 2-146

04 将所选择的面删除，选择图 2-147 所示的边线，使用"切角"工具制作出图 2-148 所示的模型效果。

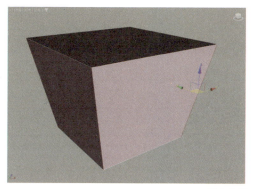

图 2-147

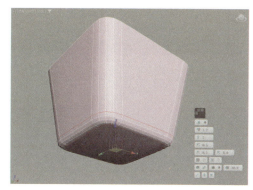

图 2-150

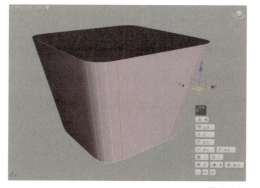

图 2-148

图 2-151

05 选择图2-149所示的边线，使用"切角"工具制作出图2-150所示的模型效果。

06 在"修改"面板中，为其添加"壳"修改器，如图2-151所示，可得到图2-152所示的模型效果。

图 2-152

07 将方碗模型再次转换为可编辑多边形，选择图2-153所示的边线，使用"切角"工具制作出图2-154所示的模型效果。

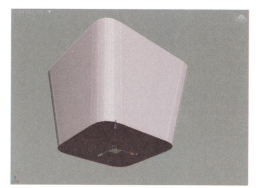

图 2-149

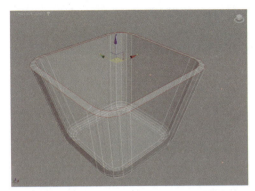

图 2-153

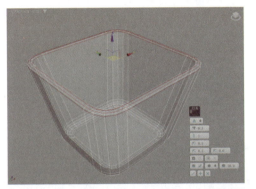

图 2-154

08 在"修改"面板中，为其添加"涡轮平滑"修改器。在"涡轮平滑"卷展栏中，设置"迭代次数"为2，勾选"等值线显示"复选框，如图2-155所示。

图 2-155

制作完成的模型效果如图2-156所示。

图 2-156

第 3 章

图形建模

本章导读

本章将详细介绍中文版 3ds Max 2025 中的图形建模技术，并通过典型实例为读者讲解图形建模的基本思路及相关工具的使用方法。本章非常重要，请读者务必认真学习。

学习要点

◆ 了解图形建模的基本思路。
◆ 掌握可编辑样条线。
◆ 掌握创建细节丰富的模型的方法。

3.1 图形概述

中文版3ds Max 2025为用户提供了多种预先设计好的二维图形创建工具，包含了大部分常用的图形类型。使用这些工具，在制作一些特殊造型的模型时会非常方便，如圆形的酒杯及线条形状的晾衣架等，如图3-1和图3-2所示。

图 3-1

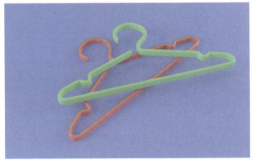

图 3-2

3.2 样条线

在"创建"面板中，可以看到许多用于创建简单样条线的按钮，如图3-3所示。

图 3-3

3.2.1 课堂案例：制作矮脚杯模型

文件位置	工程文件 >Ch03> 矮脚杯 – 完成 .max
素材位置	无
视频名称	在线视频 >Ch03> 制作矮脚杯模型 .mp4

在室内设计项目中，常常需要制作一些精致的餐具模型。本案例主要讲解如何使用样条线来制作矮脚杯模型，最终渲染效果如图3-4所示。

图 3-4

01 启动中文版3ds Max 2025，单击"创建"

面板中的"线"按钮，如图3-5所示。

图 3-5

02 在前视图中绘制出矮脚杯的侧面线条，如图3-6所示。

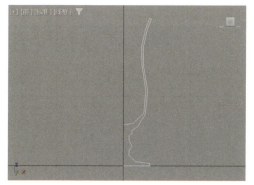

图 3-6

03 在"修改"面板中，选择"顶点"，如图3-7所示。

图 3-7

04 选择样条线上的所有顶点，单击鼠标右键并执行"Bezier 角点"命令，如图3-8所示。设置完成后，顶点两侧会显示绿色的控制柄，如图3-9所示，可以调整样条线的形态。

05 调整完成后的杯子侧面线条效果如图3-10所示。

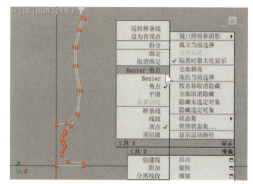

图 3-8

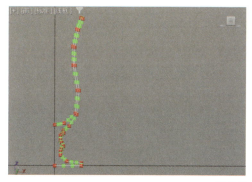

图 3-9

图 3-10

06 在"修改"面板中，为其添加"车削"修改器，如图3-11所示。

图 3-11

07 在"参数"卷展栏中，单击"最小"按钮，勾选"焊接内核"和"翻转法线"复选框，如图3-12所示。

图 3-12

设置完成后，矮脚杯模型的视图显示效果如图3-13所示。

图 3-13

08 在"修改"面板中，为其添加"涡轮平滑"修改器。在"涡轮平滑"卷展栏中，设置"迭代次数"为2，勾选"等值线显示"复选框，如图3-14所示。

图 3-14

本案例制作完成的模型效果如图3-15所示。

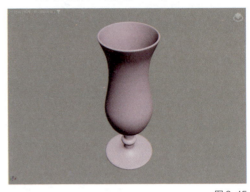

图 3-15

3.2.2 矩形

在"创建"面板中单击"矩形"按钮，可在场景中创建矩形，如图3-16所示。

图 3-16

"参数"卷展栏中的参数如图3-17所示。

图 3-17

常用参数解析

- **长度/宽度**：设置矩形的长度值/宽度值。
- **角半径**：设置矩形的圆角半径。

3.2.3 圆

在"创建"面板中单击"圆"按钮，可在场景中创建圆图形，如图3-18所示。

图 3-18

"参数"卷展栏中的参数如图3-19所示。

图 3-19

常用参数解析

• 半径：设置圆的半径。

3.2.4　椭圆

在"创建"面板中单击"椭圆"按钮，可在场景中创建椭圆图形，如图3-20所示。

图 3-20

"参数"卷展栏中的参数如图3-21所示。

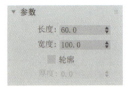

图 3-21

常用参数解析

• 长度/宽度：设置椭圆的长度值/宽度值。

• 轮廓：勾选后，椭圆会显示出轮廓线。

• 厚度：设置轮廓线与椭圆的间距。

3.2.5　文本

在"创建"面板中单击"文本"按钮，可在场景中创建文本图形，如图3-22所示。

图 3-22

"参数"卷展栏中的参数如图3-23所示。

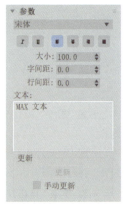

图 3-23

常用参数解析

• 字体下拉列表：设置文本的字体。

• 　"斜体样式"按钮：设置文本为斜体显示效果，如图3-24所示。

图 3-24

● ▣"下画线样式"按钮：设置文本为下画线显示效果，如图3-25所示。

图 3-25

● ▣"左侧对齐"按钮：将文本与边界框左侧对齐。

● ▣"居中"按钮：将文本与边界框的中心对齐。

● ▣"右侧对齐"按钮：将文本与边界框右侧对齐。

● ▣"对正"按钮：分隔所有文本行，使每一行文本的两侧对齐。

● 大小：设置文本的大小。

● 字间距：调整字间距。

● 行间距：调整行间距。

● "文本"输入框：可以输入多行文本。

● 更新：更新视口中的文本。

● 手动更新：勾选该复选框后，将激活"更新"按钮。

3.3 编辑样条线

使用3ds Max创建出来的二维图形都可以编辑，比如将几个图形合并，或对某个图形进行变形操作。在默认情况下，只有"线"工具可以直接进行编辑操作，在其"修改"面板中，可以看到"线"工具共分为"顶点""线段""样条线"3个子层级，如图3-26所示。而其他图形工具则需要进行"转换"操作，将对象转换为可编辑的样条线对象才可以进行编辑。

▼ Line
— 顶点
— 线段
— 样条线

图 3-26

3.3.1 课堂案例：制作曲别针模型

文件位置	工程文件 >Ch03> 曲别针 – 完成 .max
素材位置	无
视频名称	在线视频 >Ch03> 制作曲别针模型 .mp4

在三维动画项目中，常常需要制作一些简单的道具模型。本案例主要讲解如何使用线来制作曲别针模型，最终渲染效果如图3-27所示。

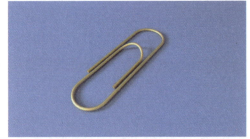

图 3-27

01 启动中文版3ds Max 2025，单击"创建"面板中的"线"按钮，如图3-28所示。

图 3-28

02 在顶视图中，按住Shift键，绘制出曲别针的大概形态，如图3-29所示。

图 3-29

03 选择图3-30所示的顶点，单击鼠标右键并执行"角点"命令，如图3-31所示。

图 3-30

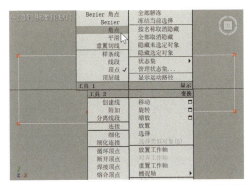

图 3-31

04 使用"圆角"工具制作出图3-32所示的图形效果。

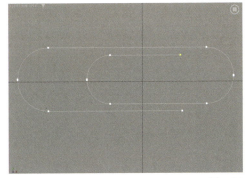

图 3-32

05 在透视视图中，选择图3-33所示的顶点，使用移动工具调整其至图3-34所示的位置。

06 在"渲染"卷展栏中，勾选"在渲染中启用"和"在视口中启用"复选框，设置"厚度"为4，如图3-35所示。

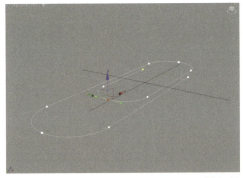

图 3-33

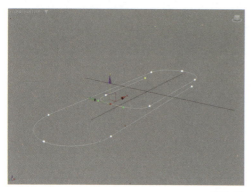

图 3-34

图 3-35

本案例制作完成的模型效果如图3-36所示。

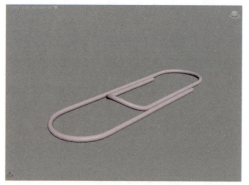

图 3-36

3.3.2 "渲染"卷展栏

"渲染"卷展栏中的参数如图3-37所示。

图 3-37

常用参数解析

• **在渲染中启用**：勾选后，曲线可被渲染。

• **在视口中启用**：勾选后，曲线在视图中显示网格效果。

• **使用视口设置**：勾选"在视口中启用"复选框后，此复选框才可用，用于激活"视口"选项。

• **生成贴图坐标**：为曲线生成贴图坐标。

• **真实世界贴图大小**：根据真实世界比例来缩放贴图。

• **径向**：设置曲线的剖面为圆形。

厚度：设置曲线剖面的直径。图3-38所示分别为该值是0.5和2.5的图形显示效果。

图 3-38

边：设置样条线网格在视图或渲染器中的边（面）数。图3-39所示分别为该值是4和10的图形显示效果。

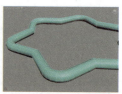

图 3-39

角度：调整视图或渲染器中横截面的旋转位置。

- 矩形：设置曲线的剖面为矩形。

长度/宽度：设置矩形的长度和宽度。

角度：设置曲线剖面的旋转角度。

纵横比：长度除以宽度的数值。

3.3.3 "插值"卷展栏

"插值"卷展栏
中的参数如图3-40
所示。

图3-40

常用参数解析

- 步数：用来设置样条线上两个顶点之间的线段数，值越大，图形越细致。图3-41所示分别为该值是0和6的图形显示效果。

图3-41

- 优化：勾选后，可以从样条线中删除不需要的步数。

- 自适应：勾选后，会自动设置样条线的步长数，以生成平滑曲线。

3.3.4 "选择"卷展栏

"选择"卷展栏
中的参数如图3-42
所示。

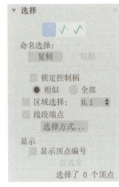

图3-42

常用参数解析

- "顶点"按钮：选择顶点。
- "线段"按钮：选择线段。
- "样条线"按钮：选择连续的曲线。
- 复制：将命名选择放置到复制缓冲区。
- 粘贴：从复制缓冲区中粘贴命名选择。
- 锁定控制柄：用于锁定Bezier和Bezier角点的控制柄。
- 区域选择：自动选择以用户所单击顶点为圆心、以特定值为半径的圆中的所有顶点。
- 线段端点：勾选后，可通过单击线段选择顶点。
- 选择方式：单击该按钮会弹出"选择方式"对话框，如图3-43所示。

图3-43

- 显示顶点编号：勾选后，顶点旁边会显示编号，如图3-44所示。

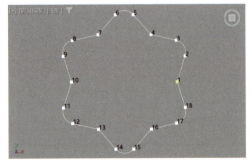

图3-44

- **仅选定**：勾选后，仅在所选顶点旁边显示编号，如图3-45所示。

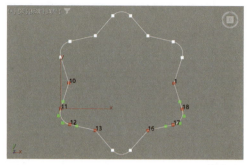

图3-45

3.3.5 "软选择"卷展栏

"软选择"卷展栏中的参数如图3-46所示。

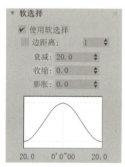

图3-46

图3-48

3.3.6 "几何体"卷展栏

"几何体"卷展栏中的参数如图3-49所示。

常用参数解析

- **使用软选择**：启用软选择功能，如图3-47所示。

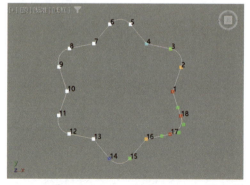

图3-47

图3-49

- **边距离**：根据该值设置选择的范围。
- **衰减**：用于设置影响区域的范围。图3-48所示为该值是10和30时的影响区域的色彩对比。

常用参数解析

• 线性/平滑/Bezier/Bezier角点：设置新顶点的类型。

• 创建线：创建新的曲线。

• 断开：在选中顶点的位置断开曲线。

• 附加：附加其他曲线到所选曲线。

• 附加多个：同时附加其他多条曲线到所选曲线。

• 焊接：将两个顶点焊接为一个顶点。

• 连接：在两个顶点之间生成一条线段。

• 插入：在线段上插入一个或多个顶点。

• 设为首顶点：设置所选顶点为首顶点。

• 熔合：将选定顶点移至它们的平均中心位置。

• 反转：反转所选样条线的方向。

• 圆角：对所选择的顶点进行圆角处理。

• 切角：对所选择的顶点进行切角处理。

• 轮廓：在曲线的附近生成一条新的轮廓曲线。

• 布尔：对曲线中的多条样条线进行布尔计算。

• 镜像：沿长、宽或对角方向镜像曲线。

• 修剪：对交叉的曲线进行修剪。

• 延伸：延长曲线。

• 无限边界：为了计算相交，勾选此复选框后会将开口样条线视为无穷长。

• 隐藏：隐藏选定的样条线。

• 全部取消隐藏：显示所有被隐藏的子对象。

• 删除：删除选定的样条线。

• 关闭：闭合样条线。

• 拆分：对线段进行拆分。

• 分离：将所选样条线从该曲线中分离。

• 炸开：分裂所选样条线。

3.4 课后习题

3.4.1 课后习题：制作盘子模型

文件位置	工程文件 >Ch03> 盘子 - 完成 .max
素材位置	无
视频名称	在线视频 >Ch03> 制作盘子模型 .mp4

在电商项目中，常常需要制作一些产品模型。本习题使用星形和线来制作盘子模型，最终渲染效果如图3-50所示。

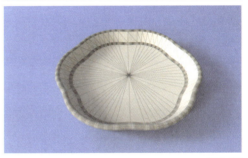

图 3-50

01 启动中文版3ds Max 2025，单击"创建"面板中的"星形"按钮，如图3-51所示。在场景中创建一个星形。

02 在"参数"卷展栏中，设置"半径1"为36、"半径2"为30、"圆角半径1"为10，如图3-52所示。

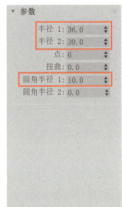

图 3-51   图 3-52

设置完成后，星形的显示效果如图3-53所示。

图 3-53

图 3-56

03 单击"创建"面板中的"线"按钮,如图3-54所示。

图 3-54

04 在前视图中,绘制一条图3-55所示的样条线。

图 3-55

05 选择图3-55所示的样条线,使用"轮廓"工具制作出图3-56所示的曲线效果。

06 选择图3-57所示的顶点,使用"圆角"工具制作出图3-58所示的曲线效果。

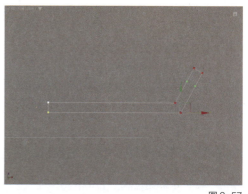

图 3-57

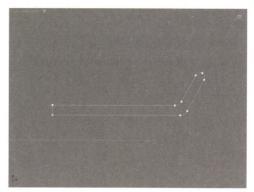

图 3-58

07 选择星形,在"修改"面板中,为其添加"倒角剖面"修改器,如图3-59所示。

08 在"参数"卷展栏中,设置"倒角剖面"为"经典";在"经典"卷展栏中,设置"剖面"为刚刚绘制的曲线,如图3-60所示。得到的盘子模型效果如图3-61所示。

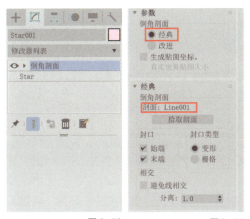

图 3-59　　　　　　　图 3-60

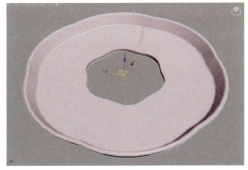

图 3-61

09 在"修改"面板中，选择"剖面Gizmo"，如图3-62所示。

10 在场景中调整剖面 Gizmo至图3-63所示的位置。

图 3-62

图 3-63

本习题制作完成的模型效果如图3-64所示。

图 3-64

3.4.2 课后习题：制作镂空文字模型

文件位置　　工程文件 >Ch03> 镂空文字 - 完成 .max
素材位置　　无
视频名称　　在线视频 >Ch03> 制作镂空文字模型 .mp4

在电商项目中，常常需要制作一些带有镂空效果的文字模型。本习题使用文本来制作镂空文字模型，最终渲染效果如图3-65所示。

图 3-65

01 启动中文版3ds Max 2025，单击"创建"面板中的"文本"按钮，如图3-66所示。

图 3-66

02 在前视图中创建一个文本图形，如图3-67所示。

图 3-67

03 在"参数"卷展栏的字体下拉列表中选择"微软雅黑"，在"文本"输入框中输入"文字"，如图3-68所示。

设置完成后，文本图形效果如图3-69所示。

图 3-68

图 3-69

04 在"修改"面板中，为文本添加"扫描"修改器，如图3-70所示。得到的文字模型效果如图3-71所示。

图 3-70

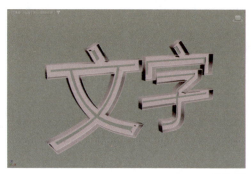

图 3-71

05 在"截面类型"卷展栏中，设置"内置截面"为"半圆"，如图3-72所示。

图 3-72

06 在"参数"卷展栏中，设置"半径"为1.5，如图3-73所示。本习题制作完成的模型效果如图3-74所示。

图 3-73

图 3-74

第 4 章

灯光技术

本章导读

本章主要讲解中文版 3ds Max 2025 提供的灯光工具，通过本章的学习，读者可熟练制作室内外常用的灯光照明效果。

学习要点

◆ 熟悉灯光设置的基本思路。
◆ 掌握太阳定位器的使用方法。
◆ 掌握 Arnold Light 的使用方法。

4.1 灯光概述

灯光的设置是三维制作表现中非常重要的一环。灯光不仅可以照亮物体，还在表现场景气氛、天气效果等方面起着至关重要的作用。例如，表现清晨的室外天光、室内自然光、阴雨天的光照效果及午后的阳光等。图4-1和图4-2所示为笔者所拍摄的有关表现光影关系的照片。3ds Max提供了多种不同类型的灯光。

图4-1

图4-2

4.2 光度学

在"创建"面板中，可以看到"光度学"分类下面的3种灯光，分别是"目标灯光""自由灯光""太阳定位器"，如图4-3所示。

图4-3

4.2.1 课堂案例：制作室内天光照明效果

文件位置	工程文件 >Ch04> 客厅 – 完成 .max
素材位置	工程文件 >Ch04> 客厅 .max
视频名称	在线视频 >Ch04> 制作室内天光照明效果 .mp4

无论是室内环境设计还是动画场景设计，都需要为场景添加合适的灯光来进行表现。本案例讲解如何使用目标灯光来制作室内天光照明效果，最终渲染效果如图4-4所示。

图4-4

01 启动中文版3ds Max 2025，打开本书配套资源中的"客厅.max"文件，如图4-5所示。这是一个客厅的动画场景，里面放置了设置好材质的简单家具模型。

图4-5

02 单击"创建"面板中的"目标灯光"按钮,如图4-6所示。

图4-6

03 在左视图中的窗户位置处创建一个目标灯光,如图4-7所示。

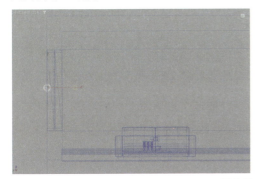

图4-7

04 在"图形/区域阴影"卷展栏中,设置"从(图形)发射光线"为"矩形"、"长度"为179、"宽度"为135,如图4-8所示。

图4-8

05 在透视视图中,移动其位置至图4-9所示。

图4-9

06 在"强度/颜色/衰减"卷展栏中,设置"强度"为9000cd,如图4-10所示。

图4-10

设置完成后,场景的渲染效果如图4-11所示。

图4-11

💡 技巧与提示

在视图中,执行"标准>ActiveShade-使用Arnold"命令,如图4-12所示,可在当前视图中渲染场景。

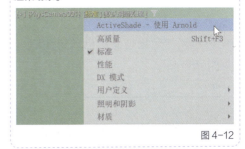

图4-12

07 按住Shift键,配合移动工具复制出一个灯光,并调整至图4-13所示的位置。

图4-13

08 渲染场景,最终渲染效果如图4-14所示。

图4-14

4.2.2 目标灯光

"目标灯光"带有一个目标点,用来指明灯光的照射方向。通常可以用"目标灯光"来模拟灯泡、射灯、壁灯及台灯等灯具的照明效果。当用户首次在场景中创建该灯光时,系统会自动弹出"创建光度学灯光"对话框,询问用户是否使用物理摄影机曝光控制,如图4-15所示。

图4-15

在"修改"面板中,"目标灯光"有"模板""常规参数""强度/颜色/衰减""图形/区域阴影""光线跟踪阴影参数""大气和效果""高级效果"7个卷展栏,如图4-16所示。

图4-16

常用参数解析

1."模板"卷展栏

"模板"卷展栏中的参数如图4-17所示。

图4-17

• "选择模板"下拉列表:打开"选择模板"下拉列表,可看到3ds Max 2025的目标灯光模板库,如图4-18所示。

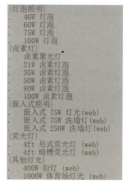

图4-18

• 文本框:在下拉列表中选择好目标灯光模板后,场景中的灯光按钮以及"修改"面板中的卷展栏分布都会发生相应的变化,同时,"模板"文本框内会出现该模板的简单使用提示。图4-19所示为目标灯光模板选择"40W 灯泡"选项后"模板"文本框中出现的对应提示。

图4-19

2."常规参数"卷展栏

"常规参数"卷展栏中的参数如图4-20所示。

图 4-20

• 启用（灯光属性）：控制选择的灯光是否开启照明。

• 目标：控制所选择的灯光是否具有可控的目标点。

• 目标距离：显示灯光与目标点之间的距离。

• 启用（阴影）：决定当前灯光是否投射阴影。

• 使用全局设置：勾选此复选框后，会使用该灯光投射阴影的全局设置。

• 下拉列表（阴影）：决定灯光使用哪种算法产生阴影，如图4-21所示。

图 4-21

• 排除：将选定对象排除于灯光效果之外。单击此按钮会显示"排除/包含"对话框，如图4-22所示。

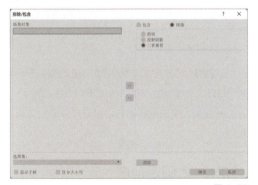

图 4-22

• 下拉列表（灯光分布类型）：设置灯光的分布类型，包含"光度学Web""聚光灯""统一漫反射""统一球形"4种类型，如图4-23所示。

图 4-23

3."强度/颜色/衰减"卷展栏

"强度/颜色/衰减"卷展栏中的参数如图4-24所示。

• 预设下拉列表：3ds Max提供了多种预先设置好的选项，如图4-25所示。

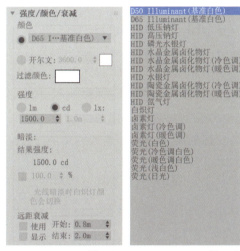

图 4-24   图 4-25

• 开尔文：通过调整色温值来设置灯光的颜色，色温以开尔文度数显示，相应的颜色在温度微调器旁边的色样中可见。色温值为6500K的颜色是国际照明委员会（CIE）认定的白色，色温值小于6500K的颜色会偏向红色，色温值大于6500K的颜色则会偏向蓝色。图4-26所示为该属性设置为不同数值的渲染测试结果。

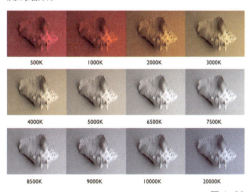

图 4-26

- 过滤颜色：设置灯光的颜色。

- 强度：设置灯光的强度及单位。

- 结果强度：显示灯光的强度及单位。

- 百分比：启用后，该值会降低灯光的强度。如果值为100%，则灯光具有最大强度。值越低，灯光越暗。

- 光线暗淡时白炽灯颜色会切换：勾选此复选框后，可在灯光暗淡时通过产生更多黄色来模拟白炽灯灯光。

- 使用：启用灯光的远距衰减。

- 显示：在视口中显示远距衰减范围设置。

- 开始：设置灯光开始淡出的距离。

- 结束：设置灯光衰减为0的距离。

4．"图形/区域阴影"卷展栏

"图形/区域阴影"卷展栏中的参数如图4-27所示。

图4-27

- "从（图形）发射光线"下拉列表：设置灯光的图形类型，包括"点光源""线""矩形""圆形""球体""圆柱体"6种类型，如图4-28所示。

图4-28

- 灯光图形在渲染中可见：设置灯光是否可以被渲染出来。

5．"光线跟踪阴影参数"卷展栏

"光线跟踪阴影参数"卷展栏中的参数如图4-29所示。

图4-29

- 光线偏移：设置阴影与产生阴影对象的距离。

- 双面阴影：启用后，计算阴影时，物体的背面也可以产生投影。

6．"大气和效果"卷展栏

"大气和效果"卷展栏中的参数如图4-30所示。

图4-30

- 添加：单击此按钮可以打开"添加大气或效果"对话框，如图4-31所示。在该对话框中可以将大气或渲染效果添加到灯光上。

图4-31

- 删除：添加大气或效果之后，在大气或效果列表中选择大气或效果，然后单击此按钮可将其删除。

- 设置：单击此按钮可以打开"环境和效果"窗口。

4.2.3 太阳定位器

"太阳定位器"是3ds Max中使用频率较

高的一种灯光，可以模拟出自然的室内及室外光线照明。在"创建"面板中单击"太阳定位器"按钮即可在场景中创建该灯光，如图4-32所示。

图 4-32

打开"环境和效果"窗口。在"环境"选项卡中，展开"公用参数"卷展栏，可以看到系统自动为"环境贴图"贴图通道加载了"物理太阳和天空环境"贴图；在"曝光控制"卷展栏内，系统还为用户自动选择了"物理摄影机曝光控制"选项，如图4-33所示。

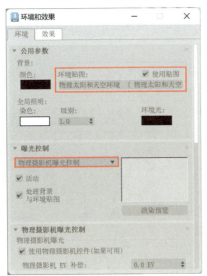

图 4-33

在"修改"面板中，可以看到"太阳定位器"有"显示"和"太阳位置"两个卷展栏，如图4-34所示。

图 4-34

常用参数解析

1. "显示"卷展栏

"显示"卷展栏中的参数如图4-35所示。

图 4-35

- 显示：控制"太阳定位器"中指南针的显示。
- 半径：控制指南针图标的大小。
- 北向偏移：调整"太阳定位器"的灯光照射方向。
- 距离：控制灯光与指南针之间的距离。

2. "太阳位置"卷展栏

"太阳位置"卷展栏中的参数如图4-36所示。

图 4-36

- **日期、时间和位置**："太阳定位器"的默认选项。用户可以精准地设置太阳的具体照射位置、照射时间及年、月、日。
- **气候数据文件**：选择该选项，可以通过单击后方的"设置"按钮，读取气候数据文件来控制场景照明。
- **手动**：激活该选项后，用户可以手动调整太阳的方位和高度。
- **时间**：设置"太阳定位器"所模拟的年、月、日以及当天的具体时间。
- **使用日期范围**：设置"太阳定位器"所模拟的时间段。
- **在地球上的位置**：单击下方的按钮，系统会自动弹出"地理位置"对话框，用户可以选择所要模拟的地区来生成当地的光照环境。
- **纬度**：用于设置太阳的纬度。
- **经度**：用于设置太阳的经度。
- **时区**：使用GMT的偏移量来表示时间。

4.3 Arnold

在"创建"面板中，可以看到Arnold分类下只有一个Arnold Light按钮，如图4-37所示。

图4-37

4.3.1 课堂案例：制作文字的发光效果

文件位置	工程文件 >Ch04> 文字 – 完成 .max
素材位置	工程文件 >Ch04> 文字 .max
视频名称	在线视频 >Ch04> 制作文字的发光效果 .mp4

在电商动画场景中，常常需要制作一些发光的文字效果来烘托画面氛围。本案例讲解如何使用Arnold Light来制作文字的发光效果，最终渲染效果如图4-38所示。

图4-38

01 启动中文版3ds Max 2025，打开本书配套资源中的"文字.max"文件，如图4-39所示，里面有一个文字模型。

图4-39

02 单击"创建"面板中的Arnold Light按钮，如图4-40所示。

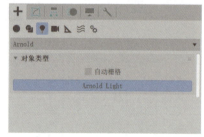

图4-40

03 切换到左视图，在线框模式的窗户位置创建一个Arnold Light，如图4-41所示。

04 在Shape卷展栏中，设置Quad X为140、Quad Y为185，如图4-42所示。

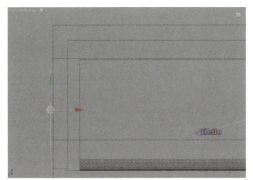

图 4-41

图 4-42

05 在透视视图中，移动其至图4-43所示的
位置。

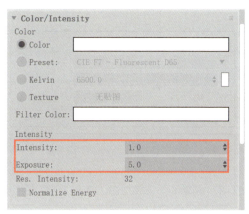

图 4-43

06 在Color/Intensity卷展栏中，设置
Intensity为1、Exposure为5，如图4-44
所示。

图 4-44

设置完成后，场景的渲染效果如图4-45
所示。

图 4-45

07 选择文字模型上图4-46所示的面，单击鼠
标右键，在弹出的"工具1"菜单中执行"转换
到边"命令，如图4-47所示。

图 4-46

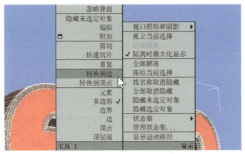

图 4-47

08 在"编辑边"卷展栏中,单击"创建图形"按钮右侧的方形按钮,如图4-48所示。

09 在弹出的"创建图形"对话框中,设置"图形类型"为"线性",单击"确定"按钮,如图4-49所示,则可根据所选择的边线来创建新的图形。

图 4-48

图 4-49

10 选择图4-50所示的线段,将其删除。

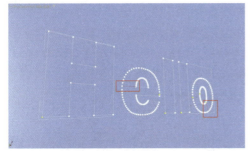

图 4-50

11 在"渲染"卷展栏中,勾选"在渲染中启用"和"在视口中启用"复选框,设置"厚度"为0.5,如图4-51所示。

设置完成后,得到的图形显示效果如图4-52所示。

图 4-51

图 4-52

12 选择图形,单击鼠标右键并执行"转换为:>转换为可编辑多边形"命令,如图4-53所示。

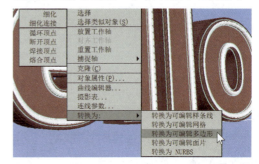

图 4-53

13 单击"创建"面板中的Arnold Light按钮,在场景中的任意位置创建一个Arnold Light,如图4-54所示。

图 4-54

14 在Shape卷展栏中，设置Type为Mesh、Mesh为"图形001"，如图4-55所示。

图 4-55

15 在Color/Intensity卷展栏中，设置Intensity为5、Exposure为5，如图4-56所示。

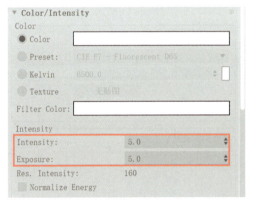

图 4-56

16 渲染场景，最终渲染效果如图4-57所示。

图 4-57

4.3.2 Arnold Light

Arnold Light可以模拟出自然光线及人工灯光的照明效果。在"创建"面板中单击Arnold Light按钮即可在场景中创建该灯光，如图4-58所示。

图 4-58

在"修改"面板中，Arnold Light有General、Shape、Color/Intensity、Rendering、Shadow、Contribution、AOV Light Group 7个卷展栏，如图4-59所示。

图 4-59

常用参数解析

1.General 卷展栏

General卷展栏中的参数如图4-60所示。

图 4-60

- On: 启用Arnold Light。
- Targeted: 勾选后会显示灯光目标。
- Targ. Dist: 显示灯光与灯光目标之间的距离。

2.Shape 卷展栏

Shape卷展栏中的参数如图4-61所示。

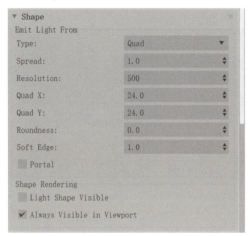

图 4-61

- Type：设置灯光的类型。
- Spread：设置灯光的扩散效果。图4-62所示为该值是0和0.2的照明效果对比。

图 4-62

- Quad X/Quad Y：设置灯光x轴方向和y轴方向的长度。
- Roundness：设置灯光的圆度。图4-63所示为该值是0.1和0.7的照明效果对比。

图 4-63

- Soft Edge：设置灯光照明边缘的柔软程度。图4-64所示为该值是0和1的照明效果对比。
- Light Shape Visible：设置灯光形状是否可被渲染。图4-65所示为勾选该复选框前后的照明效果对比。

图 4-64

图 4-65

3.Color/Intensity 卷展栏

Color/Intensity卷展栏中的参数如图4-66所示。

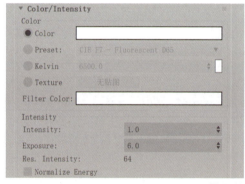

图 4-66

- Color：设置灯光的颜色。
- Preset：使用预设的参数来控制灯光的颜色。
- Kelvin：使用色温值来控制灯光的颜色。
- Texture：使用贴图来控制灯光的颜色。
- Filter Color：设置灯光的过滤颜色。
- Intensity：设置灯光的强度。
- Exposure：设置灯光的曝光度。

4.Rendering 卷展栏

Rendering卷展栏中的参数如图4-67所示。

图 4-67

- Samples：设置灯光的采样值。
- Volume Samples：设置灯光的体积采样值。

5.Shadow 卷展栏

Shadow卷展栏中的参数如图4-68所示。

图 4-68

- Cast Shadows：取消勾选则不计算灯光产生的阴影。
- Atmospheric Shadows：取消勾选则不计算灯光产生的大气阴影。
- Color：设置阴影的颜色。
- Density：设置阴影的密度。

4.4 课后习题

4.4.1 课后习题：制作古建筑阳光照明效果

文件位置　工程文件 >Ch04> 古代建筑 - 完成 .max
素材位置　工程文件 >Ch04> 古代建筑 .max
视频名称　在线视频 >Ch04> 制作古建筑阳光照明效果 .mp4

在游戏动画场景中，常常需要制作一些室外建筑表现效果。本习题使用太阳定位器来制作室外阳光照明效果，最终渲染效果如图4-69所示。

图 4-69

01 启动中文版3ds Max 2025，打开本书配套资源中的"古代建筑.max"文件，如图4-70所示，里面有一个古代风格的建筑模型。

图 4-70

02 单击"创建"面板中的"太阳定位器"按钮，如图4-71所示。

图 4-71

03 在顶视图中，创建一个太阳定位器，如图4-72所示。

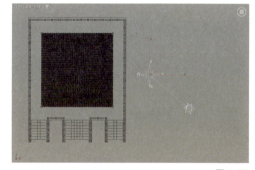

图 4-72

04 在"修改"面板中，选择"太阳"，如图4-73所示。

05 在前视图中，调整太阳至图4-74所示的位置。

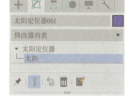

图 4-73

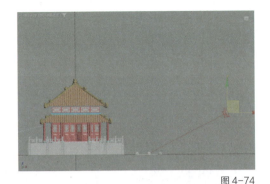

图4-74

设置完成后，场景的渲染效果如图4-75所示。

图4-75

💡 **技巧与提示**

更改太阳的位置可以模拟不同时间段的照明效果，如图4-76~图4-79所示。

图4-76　　　　　　　　　图4-77

图4-78　　　　　　　　　图4-79

06 按8键，在弹出的"环境和效果"窗口中可以看到自动添加了"物理太阳和天空环境"贴图，如图4-80所示。

图4-80

07 按M键，在弹出的"材质编辑器"窗口中，将"环境和效果"窗口中的"环境贴图"拖曳至空白材质球上，在自动弹出的"实例（副本）贴图"对话框中设置"方法"为"实例"，单击"确定"按钮，如图4-81所示。

图4-81

08 在"物理太阳和天空环境"卷展栏中，设置"强度"为1.5、"地平线高度"为-1.2°，如图4-82所示。

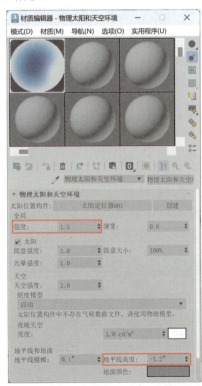

图4-82

09 渲染场景，最终渲染效果如图4-83所示。

图 4-83

4.4.2 课后习题：制作射灯照明效果

文件位置　工程文件 >Ch04> 挂画 – 完成 .max
素材位置　工程文件 >Ch04> 挂画 .max
视频名称　在线视频 >Ch04> 制作射灯照明效果 .mp4

在室内空间表现场景中，常常需要制作一些好看的射灯照明效果。本习题使用Arnold Light来制作射灯照明效果，最终渲染效果如图4-84所示。

图 4-84

01 启动中文版3ds Max 2025，打开本书配套资源中的"挂画.max"文件，如图4-85所示，里面为一个室内空间，墙上有一个挂画模型。

图 4-85

02 渲染场景，场景的默认渲染效果如图4-86所示。

图 4-86

03 单击"创建"面板中的Arnold Light按钮，如图4-87所示。

图 4-87

04 在前视图中的挂画上方创建一个Arnold Light，如图4-88所示。

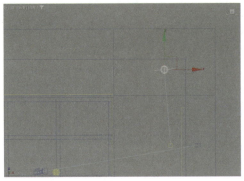

图4-88

05 在左视图中调整灯光至图4-89所示的位置。

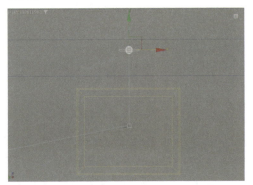

图4-89

06 在Shape卷展栏中,设置Type为"光度学"、Radius为1,并为File添加"射灯.ies"文件,如图4-90所示。

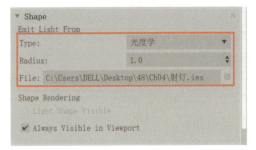

图4-90

07 在Color/Intensity卷展栏中,设置Color为Kelvin、Kelvin为2000、Intensity为2,如图4-91所示。

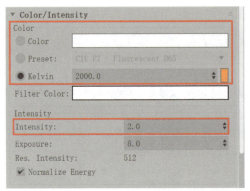

图4-91

08 设置完成后,渲染场景,渲染效果如图4-92所示。

图4-92

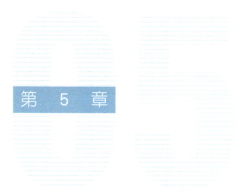

第 5 章

摄影机技术

本章导读

本章主要讲解中文版 3ds Max 2025 的摄影机，通过本章的学习，读者可熟练使用摄影机并渲染出带有景深效果或运动模糊效果的镜头。

学习要点

- ◆ 掌握创建摄影机的方法。
- ◆ 掌握景深效果的制作。
- ◆ 掌握运动模糊效果的制作。

5.1 摄影机概述

中文版3ds Max 2025中的摄影机所包含的参数命令与现实中摄影机的参数非常相似，比如焦距、光圈、快门、曝光等，也就是说如果用户是一个摄影爱好者，那么学习本章的内容将会很轻松。中文版3ds Max 2025提供的功能强大的物理摄影机，不但可以轻松地在三维软件里记录镜头的位置和角度，还可以渲染出真实的景深及运动模糊效果。虽然摄影机的参数相对较少，但并不意味着每个人都可以轻松地学习、掌握摄影机技术，读者应额外学习一些有关画面构图的知识，并留意日常生活中所能拍摄到的带有景深及运动模糊效果的照片。图5-1~图5-4所示为笔者所拍摄的一些照片。

图 5-1

图 5-2

图 5-3

图 5-4

5.2 摄影机类型

在"创建"面板中，可以看到"标准"分类下面的3种摄影机，分别是"物理""目标""自由"，如图5-5所示。

图 5-5

> 💡 技巧与提示
>
> 目标摄影机和自由摄影机这两种摄影机使用频率较低，故本章重点讲解物理摄影机的使用方法。

5.2.1 课堂案例：创建物理摄影机

文件位置　　工程文件 >Ch05> 塑料凳 – 完成 .max
素材位置　　工程文件 >Ch05> 塑料凳 .max
视频名称　　在线视频 >Ch05> 创建物理摄影机 .mp4

　　摄影机的主要作用在于记录画面的拍摄角
度及位置，本案例讲解如何在场景中创建物理摄
影机并锁定摄影机，最终渲染效果如图5-6所示。

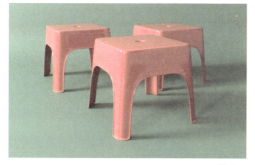

图 5-6

01 启动中文版3ds Max 2025，打开本书配
套资源中的"塑料凳.max"文件，如图5-7所
示。场景中摆放了3个塑料凳模型，并且已经
设置好了材质及灯光。

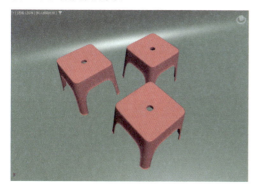

图 5-7

02 单击"创建"面板
中的"物理"按钮，
如图5-8所示。

图 5-8

03 在前视图中创建一个物理摄影机，如
图5-9所示。

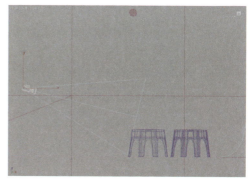

图 5-9

04 在前视图中，调整物理摄影机的目标点至
图5-10所示的位置。

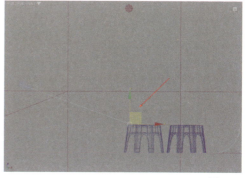

图 5-10

05 按C键，将视图切换至摄影机视图，如
图5-11所示。

图 5-11

06 单击"平移摄影机"按钮，如图5-12所示。

可以通过平移物理摄影机来调整摄影机视图。

07 单击"推拉摄影机"按钮，如图5-13所示。可以通过推进或拉远物理摄影机来调整摄影机视图。

08 单击"环游摄影机"按钮，如图5-14所示。可以围绕摄影机的目标点来调整摄影机的拍摄角度。

图5-12　　　　　图5-13　　　　　图5-14

最终调整完成的摄影机视图效果如图5-15所示。

图5-15

09 选择物理摄影机，在"层次"面板中，单击"链接信息"按钮，在"锁定"卷展栏中勾选全部复选框，如图5-16所示，锁定所选择的摄影机。

图5-16

10 选择物理摄影机的目标点，在"层次"面板中，单击"链接信息"按钮，在"锁定"卷展栏中勾选全部复选框，如图5-17所示，锁定所选择的摄影机目标点。

图5-17

11 在视图左上方的视图名称上单击，在弹出的菜单中执行"显示安全框"命令，如图5-18所示，在摄影机视图中显示安全框，以便查看渲染图像的范围，如图5-19所示。

图5-18

图5-19

💡 技巧与提示

显示安全框的快捷键为Shift+F。

⑫ 渲染场景，最终渲染效果如图5-20所示。

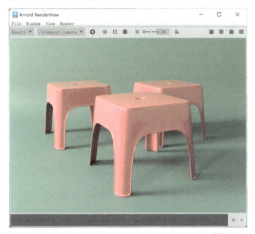

图5-20

5.2.2 物理摄影机

物理摄影机带有一个目标点，用来指定摄影机面对的位置。在"创建"面板中单击"物理"按钮即可在场景中创建物理摄影机，如图5-21所示。

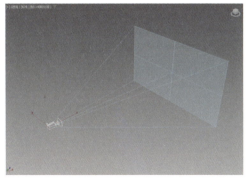

图5-21

在"修改"面板中，可以看到物理摄影机有"基本""物理摄影机""曝光""散景（景深）""透视控制""镜头扭曲""其他"7个卷展栏，如图5-22所示。

图5-22

常用参数解析

1."基本"卷展栏

"基本"卷展栏中的参数如图5-23所示。

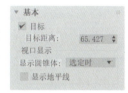

图5-23

• **目标**：设置摄影机是否需要目标点。

• **目标距离**：显示摄影机和摄影机目标点的距离。

• **显示圆锥体**：设置物理摄影机圆锥体的显示条件。

• **显示地平线**：设置在摄影机视图中是否显示地平线。

2."物理摄影机"卷展栏

"物理摄影机"卷展栏中的参数如图5-24所示。

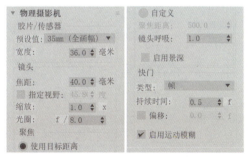

图5-24

• "预设值"下拉列
表：包含多种行业标准胶
片/传感器的预设值，如
图5-25所示。

图5-25

• 宽度：设置摄影机的拍摄范围。

• 焦距：设置镜头的焦距。

• 缩放：用于缩放镜头的拍摄范围。

• 光圈：该值影响曝光程度和景深效果。

• 启用景深：开启景深效果。

• 类型：设置测量快门速度的单位。

• 持续时间：该值影响曝光程度和运动模糊
效果。

• 启用运动模糊：开启运动模糊效果。

3. "散景（景深）"卷展栏

"散景（景深）"
卷展栏中的参数如
图5-26所示。

• 圆形/叶片式/自
定义纹理：设置光圈的
不同形状。图5-27和
图5-28所示分别为将
"光圈形状"设置为"圆
形"和"叶片式"的渲染
效果。

图5-26

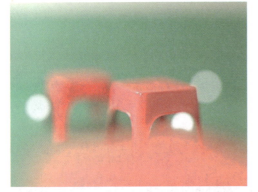
图5-27

图5-28

• 叶片：当"光圈形状"设置为"叶片式"后，
光圈形状则会被渲染为多边形。该选项的值表示多
边形的边数，图5-29所示分别为该值是3和6的渲
染效果。

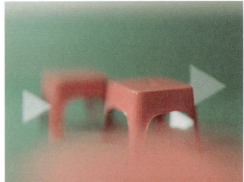

图5-29

• 旋转：设置光圈形状的旋转效果。图5-30所
示分别为该值是0和15的渲染效果。

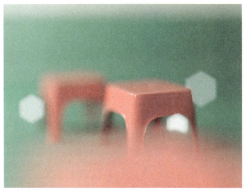

图 5-30

- 中心偏移（光环效果）：模拟光环状的光圈效果。

- 光学渐晕（CAT眼睛）：模拟渐晕"猫眼"效果。

- 各向异性（失真镜头）：模拟椭圆形的光圈效果。

4．"透视控制"卷展栏

"透视控制"卷展栏中的参数如图5-31所示。

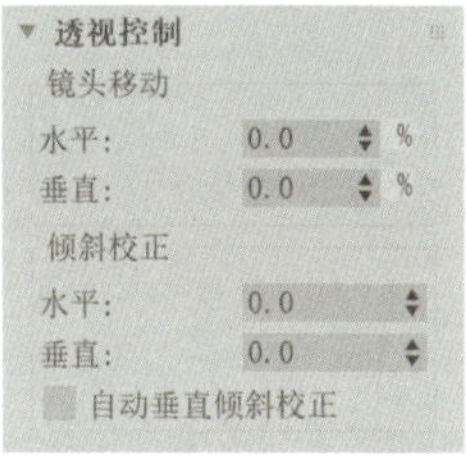

图 5-31

- 水平（镜头移动）：控制镜头在水平方向上的位移。

- 垂直（镜头移动）：控制镜头在垂直方向上的位移。

- 水平（倾斜校正）：控制镜头在水平方向上的变形效果。

- 垂直（倾斜校正）：控制镜头在垂直方向上的变形效果。

5.2.3 安全框

3ds Max提供的安全框可以帮助用户在渲染时查看输出图像的纵横比及渲染场景的边界。在视图左上方的视图名称上单击，在弹出的菜单中执行"显示安全框"命令，如图5-32所示，可在摄影机视图中显示出安全框。

图 5-32

执行"视图>视口配置"命令，如图5-33所示，在弹出的"视口配置"对话框中切换到"安全框"选项卡，如图5-34所示。

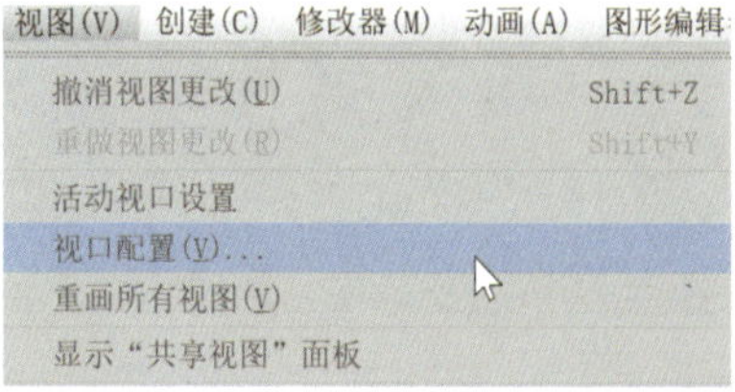

图 5-33

图 5-34

常用参数解析

● **动作安全区:** 勾选则在视图中显示青色的动作安全区线框,如图5-35所示。

图 5-35

● **标题安全区:** 勾选则在视图中显示棕色的动作安全区线框,如图5-36所示。

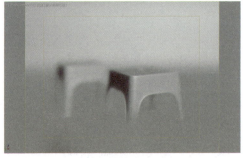

图 5-36

● **用户安全区:** 勾选则在视图中显示紫色的动作安全区线框,如图5-37所示。

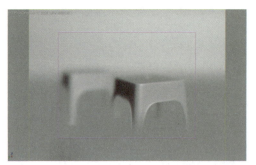

图 5-37

● **12区栅格:** 勾选则在视图中显示栅格,有4×3和12×9两种显示方式可选,如图5-38和图5-39所示。

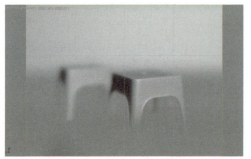

图 5-38

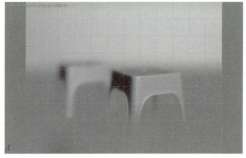

图 5-39

> 💡 **技巧与提示**
>
> "12区栅格"并不是说一定把视口分为12个区域,通过3ds Max提供给用户的4×3和12×9这两个选项来看,"12区栅格"可以设置为12个区域和108个区域两种。

5.3 课后习题

5.3.1 课后习题：制作景深效果

文件位置	工程文件 >Ch05> 杯子 – 完成 .max
素材位置	工程文件 >Ch05> 杯子 .max
视频名称	在线视频 >Ch05> 制作景深效果 .mp4

在影视场景中，常常需要制作带有景深效果的镜头。本习题使用物理摄影机来制作景深效果，最终渲染效果如图5-40所示。

图 5-40

01 启动中文版3ds Max 2025，打开本书配套资源中的"杯子.max"文件，如图5-41所示。场景中摆放了多个杯子模型，并且已经设置好了材质及灯光。

图 5-41

02 单击"创建"面板中的"物理"按钮，如图5-42所示。在前视图中创建一个物理摄影机，如图5-43所示。

图 5-42

图 5-43

> 💡 **技巧与提示**
>
> 距离摄影机目标点越近的物体渲染效果越清晰，距离摄影机目标点越远的物体渲染效果越模糊。

03 在顶视图中，调整物理摄影机至图5-44所示的位置。

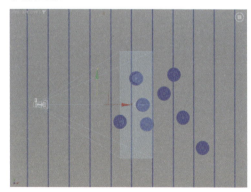

图 5-44

04 在摄影机视图中，调整摄影机的拍摄角度，如图5-45所示。

图 5-45

05 渲染场景，渲染效果如图5-46所示。

图 5-46

06 在"物理摄影机"卷展栏中，勾选"启用景深"复选框，设置"光圈"为0.5，如图5-47所示。

图 5-47

设置完成后，摄影机视图显示出来的景深效果如图5-48所示。

图 5-48

07 渲染场景，渲染效果如图5-49所示。

图 5-49

08 在"散景（景深）"卷展栏中，设置"光圈形状"为"叶片式"、"叶片"为6，如图5-50所示。

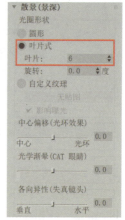

图 5-50

09 再次渲染场景，最终渲染效果如图5-51
所示。

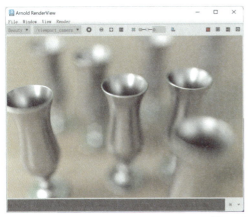

图 5-51

5.3.2 课后习题：制作运动模糊
效果

文件位置	工程文件 >Ch05> 植物 – 完成 .max
素材位置	工程文件 >Ch05> 植物 .max
视频名称	在线视频 >Ch05> 制作运动模糊效果 .mp4

在影视场景中，常常需要制作带有运动模
糊效果的镜头。本习题使用物理摄影机来制作
运动模糊效果，最终渲染效果如图5-52所示。

图 5-52

01 启动中文版3ds Max 2025，打开本书配
套资源中的"植物.max"文件，如图5-53所
示。场景中摆放了一个植物模型，并且已经设
置好了材质、灯光及动画效果。

图 5-53

> 💡 **技巧与提示**
>
> 可以拖动时间滑块来观察叶片动画效果。

02 按Ctrl+C快捷键，根据透视视图的观察角
度创建一个新的物理摄影机，如图5-54所示。

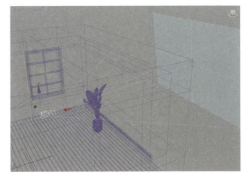

图 5-54

03 渲染场景，渲染效果如图5-55所示。

图 5-55

04 在"物理摄影机"卷展栏中，勾选"启用运动

模糊"复选框,设置"持续时间"为10,如图5-56所示。

在"物理摄影机"卷展栏中,设置"持续时间"为200,如图5-58所示。

图 5-56

图 5-58

05 渲染场景,从渲染图像中可以看到一点点的运动模糊效果,如图5-57所示。

07 再次渲染场景,最终渲染效果如图5-59所示。

图 5-57

图 5-59

第 6 章

材质技术

本章导读

本章主要讲解中文版 3ds Max 2025 的材质技术，通过本章的学习，读者可熟练掌握玻璃、金属、陶瓷等常见材质的制作方法。

学习要点

◆ 掌握材质编辑器的用法。
◆ 掌握物理材质的基本参数。
◆ 掌握常见材质的制作方法。

6.1 材质概述

中文版3ds Max 2025软件提供了功能强大的材质编辑系统，用于模拟自然界中各种物体的质感。就像绘画中的色彩一样，材质可以为三维模型注入生命，使得场景充满活力。要想制作出效果逼真的质感纹理，读者不但需要掌握相关的软件参数，还应多观察身边真实世界中物体的质感特征。图6-1～图6-4所示为笔者拍摄的水、铁锈、金属及食物。

图6-1

图6-2

图6-3

图6-4

6.2 常用材质

3ds Max 2025提供了多种类型的材质和贴图，在学习材质的相关参数前，先制作几种材质熟悉一下常见材质的制作思路。

💡 技巧与提示

3ds Max 2025的默认材质为物理材质，利用该材质几乎可以制作出大部分人们所能接触到的物体的质感，故本章重点讲解物理材质的使用方法。

6.2.1 课堂案例：制作玻璃材质

文件位置	工程文件 >Ch06> 玻璃材质 - 完成 .max
素材位置	工程文件 >Ch06> 玻璃材质 .max
视频名称	在线视频 >Ch06> 制作玻璃材质 .mp4

本案例讲解玻璃材质的制作方法，最终渲染效果如图6-5所示。

图6-5

01 启动中文版3ds Max 2025，打开本书配套资源中的"玻璃材质.max"文件，如图6-6所示。本场景为一个室内空间，桌子上摆放了4个杯子模型。

图6-6

02 选择场景中的4个杯子模型，为其添加物理材质，并重命名为"玻璃材质"，如图6-7所示。
03 在"基本参数"卷展栏中，设置"透明度"的权重为1，如图6-8所示。

设置完成后，玻璃材质球的显示效果如图6-9所示。

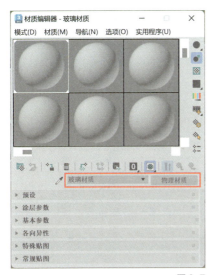

图 6-7

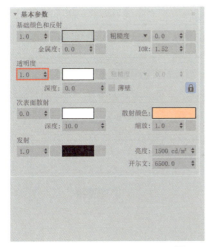

图 6-8

图 6-9

04 渲染场景，玻璃材质的渲染效果如图6-10所示。

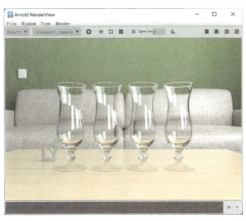

图 6-10

6.2.2 课堂案例：制作金属材质

文件位置	工程文件 >Ch06> 金属材质 – 完成 .max
素材位置	工程文件 >Ch06> 金属材质 .max
视频名称	在线视频 >Ch06> 制作金属材质 .mp4

本案例讲解金属材质的制作方法，最终渲染效果如图6-11所示。

图 6-11

01 启动中文版3ds Max 2025，打开本书配套资源中的"金属材质.max"文件，如图6-12所示。本场景为一个室内空间，桌子上摆放了一个镂空的桶模型。

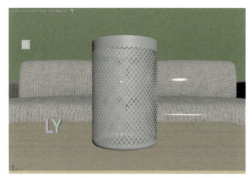

图 6-12

02 选择场景中的桶模型，为其添加物理材质，并重命名为"金属材质"，如图6-13所示。

图 6-13

03 在"基本参数"卷展栏中，设置"粗糙度"为0.2、"金属度"为1，如图6-14所示。

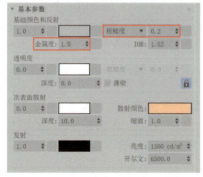

图 6-14

04 渲染场景，金属材质的渲染效果如图6-15所示。

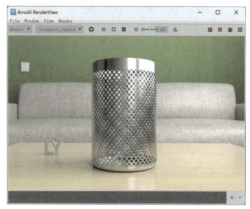

图 6-15

05 在"基本参数"卷展栏中，设置基础颜色为黄色，如图6-16所示。基础颜色的参数设置如图6-17所示。

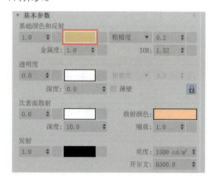

图 6-16

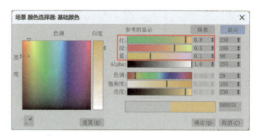

图 6-17

设置完成后，金属材质球的显示效果如图6-18所示。

06 渲染场景，金属材质的渲染效果如图6-19所示。

图 6-18

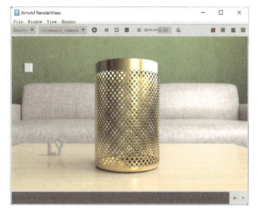

图 6-19

6.2.3 课堂案例：制作陶瓷材质

文件位置	工程文件 >Ch06> 陶瓷材质 - 完成 .max
素材位置	工程文件 >Ch06> 陶瓷材质 .max
视频名称	在线视频 >Ch06> 制作陶瓷材质 .mp4

本案例讲解陶瓷材质的制作方法，最终渲染效果如图6-20所示。

图 6-20

01 启动中文版3ds Max 2025，打开本书配套资源中的"陶瓷材质.max"文件，如图6-21所示。本场景为一个室内空间，桌子上摆放了一组碗的模型。

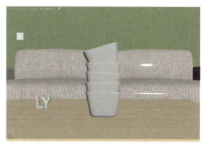

图 6-21

02 选择场景中的碗模型，为其添加物理材质，并重命名为"红色陶瓷材质"，如图6-22所示。

图 6-22

03 在"基本参数"卷展栏中，设置基础颜色为红色、"粗糙度"为0.2，如图6-23所示。基础颜色的参数设置如图6-24所示。

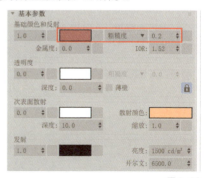

图 6-23

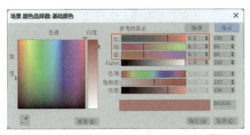

图6-24

设置完成后，红色陶瓷材质球的显示效果如图6-25所示。

图6-25

04 渲染场景，红色陶瓷材质的渲染效果如图6-26所示。

图6-26

05 选择碗模型上图6-27所示的面，为其添加物理材质，并重命名为"蓝色陶瓷材质"，如图6-28所示。

图6-27

图6-28

06 在"基本参数"卷展栏中，设置基础颜色为蓝色、"粗糙度"为0.2，如图6-29所示。基础颜色的参数设置如图6-30所示。

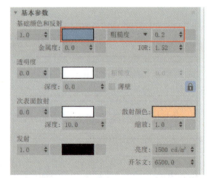

图6-29

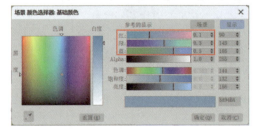

图6-30

设置完成后，蓝色陶瓷材质球的显示效果如图6-31所示。

07 渲染场景，蓝色陶瓷材质的渲染效果如

图6-32所示。

图 6-31

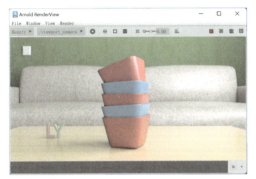

图 6-32

3ds Max允许用户为同一个模型的不同部分分别指定不同的材质，读者完成这个案例后，可以选择一个新的材质球，并用"从对象拾取材质"工具拾取场景中碗模型的材质，可以看到碗模型的材质变为"多维/子对象"，如图6-33所示。

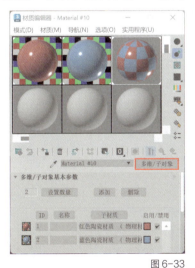

图 6-33

6.2.4 物理材质

物理材质是中文版3ds Max 2025的默认材质，其重要性不言而喻，物理材质有3种材质模式，如图6-34所示。其中，默认的"经典简单"在实际工作中较为常用，故本小节以该材质模式中的参数设置为例进行讲解。

图 6-34

常用参数解析

1."预设"卷展栏

"预设"卷展栏中的参数如图6-35所示。

图 6-35

• 预设下拉列表：这里提供了许多预先设置好参数的材质，如图6-36所示。

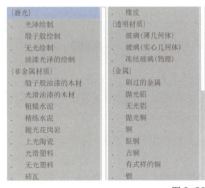

图 6-36

• 材质模式：有"经典简单""经典高级""符合Autodesk标准曲面"3种模式供用户选择使用，默认为"经典简单"。

2."涂层参数"卷展栏

"涂层参数"卷展栏中的参数如图6-37所示。

图6-37

- **权重（透明涂层）**：设置涂层的厚度，默认值为0。
- **颜色（透明涂层）**：设置涂层的颜色。
- **粗糙度（透明涂层）**：设置涂层表面的粗糙程度。
- **涂层IOR**：用于设置涂层的折射率。
- **颜色（影响基本）**：设置涂层对材质基础颜色的影响程度。
- **粗糙度**：设置涂层对材质基础粗糙度的影响程度。

3."基本参数"卷展栏

"基本参数"卷展栏中的参数如图6-38所示。

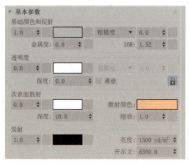

图6-38

- **权重（基础颜色和反射）**：设置基础颜色对物理材质的影响程度。
- **基础颜色**：设置基础颜色。
- **粗糙度**：设置材质的粗糙程度，值越大，材质表面越粗糙，表面的镜面反射效果越弱。图6-39所示分别是该值为0和0.3的渲染效果。
- **金属度**：设置材质的金属表现程度。图6-40所示分别是该值为0和1的渲染效果。

图6-39

图6-40

- **IOR**：设置材质的折射率。图6-41所示分别是该值为1.52和2.41的渲染效果。

图6-41

- **权重（透明度）**：设置材质的透明程度。图6-42所示分别是该值为0.5和0.9的渲染效果。

图6-42

- **透明度颜色**：设置透明材质的颜色。图6-43所示分别是设置了不同透明度颜色后的渲染效果。

图6-43

- **薄壁**：用于模拟较薄的透明物体，如肥皂泡材质效果，如图6-44所示。

图6-44

• **权重（次表面散射）**：设置材质的次表面散射程度，用于模拟玉石等带有透光质感的材质效果。图6-45所示分别为该值是0和1的渲染效果。

图 6-45

• **次表面散射颜色**：设置材质的次表面散射颜色。

• **散射颜色**：设置灯光透过材质产生的散射颜色。

• **权重（发射）**：设置材质自发光亮度的权重值。

• **发射颜色**：设置材质自发光的颜色。图6-46所示分别是设置了不同发射颜色后的渲染效果。

图 6-46

• **亮度**：设置材质的发光明亮程度。

• **开尔文**：使用色温来控制自发光的颜色。

4.“各向异性”卷展栏

“各向异性”卷展栏中的参数如图6-47所示。

图 6-47

• **各向异性**：控制材质的高光形状。

• **旋转**：控制材质的各向异性计算角度。

• **自动/贴图通道**：控制各向异性的方向。

5.“特殊贴图”卷展栏

“特殊贴图”卷展栏中的参数如图6-48所示。

▼ 特殊贴图			
✓ 凹凸贴图	0.3	⬍	无贴图
✓ 涂层凹凸贴图	0.3	⬍	无贴图
✓ 置换	1.0	⬍	无贴图
✓ 裁切(不透明度)			无贴图

图 6-48

• **凹凸贴图**：为材质指定凹凸贴图。

• **涂层凹凸贴图**：将凹凸贴图指定到涂层上。

• **置换**：为材质指定置换贴图。

• **裁切（不透明度）**：为材质指定裁切贴图。

6.“常规贴图”卷展栏

“常规贴图”卷展栏中的参数如图6-49所示，该卷展栏中的参数都是用来为对应的材质属性指定贴图的。

▼ 常规贴图	
✓ 基础权重	无贴图
✓ 基础颜色	无贴图
✓ 反射权重	无贴图
✓ 反射颜色	无贴图
✓ 粗糙度	无贴图
✓ 金属度	无贴图
✓ 漫反射粗糙度	无贴图
✓ 各向异性	无贴图
✓ 各向异性角度	无贴图
✓ 透明度权重	无贴图
✓ 透明度颜色	无贴图
✓ 透明度粗糙度	无贴图
✓ IOR	无贴图
✓ 散射权重	无贴图
✓ 散射颜色	无贴图
✓ 散射比例	无贴图
✓ 发射权重	无贴图
✓ 发射颜色	无贴图
✓ 光泽权重	无贴图
✓ 光泽颜色	无贴图
✓ 光泽粗糙度	无贴图
✓ 薄膜权重	无贴图
✓ 薄膜 IOR	无贴图
✓ 涂层权重	无贴图
✓ 涂层颜色	无贴图
✓ 涂层粗糙度	无贴图
✓ 涂层各向异性	无贴图
✓ 涂层各向异性角度	无贴图

图 6-49

6.2.5 "多维/子对象"材质

"多维/子对象"材质可以根据模型的ID为模型设置不同的材质,该材质通常需要配合其他材质球一起使用。"多维/子对象基本参数"卷展栏中的参数如图6-50所示。

图6-50

常用参数解析

• **"设置数量"按钮**: 设置多维/子对象材质里子材质的数量。

• **"添加"按钮**: 添加新的子材质。

• **"删除"按钮**: 移除列表中选中的子材质。

• **ID**: 子材质的编号。

• **名称**: 设置子材质的名称,可以为空。

• **子材质**: 显示子材质的类型。

6.3 常用贴图

贴图与UV密不可分。贴图用来反映对象表面的纹理细节,中文版3ds Max 2025为用户提供了大量的程序贴图,以模拟自然界中常见对象的表面纹理,如"大理石""木材""波浪""细胞"等。这些程序贴图是使用计算机编程的方式得到的一些仿自然的纹理,跟真实世界中的对象的纹理有很大的差距,所以最

有效的方式仍然是使用高清晰度的照片来制作纹理贴图。UV用来控制贴图的方向,所以,贴图常常需要与UV配合使用,虽然3ds Max 2025在默认情况下会为许多基本多边形模型自动创建UV,但在大多数情况下,还是需要用户重新为物体指定UV。

6.3.1 课堂案例: 制作渐变色玻璃材质

文件位置	工程文件 >Ch06> 渐变色玻璃材质 – 完成 .max
素材位置	工程文件 >Ch06> 渐变色玻璃材质 .max
视频名称	在线视频 >Ch06> 制作渐变色玻璃材质 .mp4

本案例讲解渐变色玻璃材质的制作方法,最终渲染效果如图6-51所示。

图6-51

01 启动中文版3ds Max 2025,打开本书配套资源中的"渐变色玻璃材质.max"文件,如图6-52所示。本场景为一个室内空间,桌子上摆放了4个杯子模型。

图6-52

02 选择场景中的4个杯子模型，为其添加物理材质，并重命名为"渐变色玻璃"，如图6-53所示。

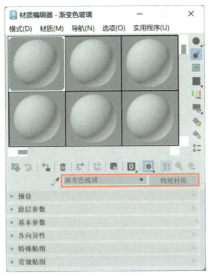

图 6-53

03 在"基本参数"卷展栏中，设置"透明度"的权重为1，单击透明度颜色右侧的方形按钮，如图6-54所示。

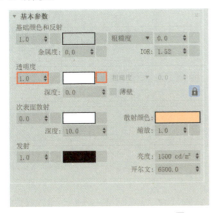

图 6-54

04 在弹出的"材质/贴图浏览器"对话框中，选择"渐变坡度"，单击"确定"按钮，如图6-55所示。

05 在"渐变坡度参数"卷展栏中，设置渐变色，如图6-56所示。

图 6-55

图 6-56

06 选择4个杯子模型，在"修改"面板中，为其添加"UVW贴图"修改器，如图6-57所示。

07 在"参数"卷展栏中，设置"对齐"为X，单击"适配"按钮，如图6-58所示。

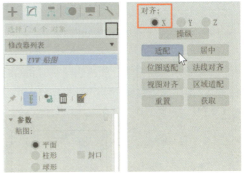

图 6-57   图 6-58

08 渲染场景，渐变色玻璃材质的渲染效果如图6-59所示。

图6-59

💡 技巧与提示

　　读者也可以尝试设置"对齐"为其他选项，设置为Y时可以得到图6-60所示的渐变色玻璃材质效果。

图6-60

6.3.2 课堂案例：制作带有凹凸质感的花瓶材质

文件位置	工程文件 >Ch06> 带有凹凸质感的花瓶材质 – 完成 .max
素材位置	工程文件 >Ch06> 带有凹凸质感的花瓶材质 .max
视频名称	在线视频 >Ch06> 制作带有凹凸质感的花瓶材质 .mp4

　　本案例讲解带有凹凸质感的花瓶材质的制作方法，最终渲染效果如图6-61所示。

图6-61

01 启动中文版3ds Max 2025，打开本书配套资源中的"带有凹凸质感的花瓶材质.max"文件，如图6-62所示。本场景为一个室内空间，桌子上摆放了一个花瓶模型。

图6-62

02 选择场景中的花瓶模型，为其添加物理材质，并重命名为"凹凸花瓶"，如图6-63所示。

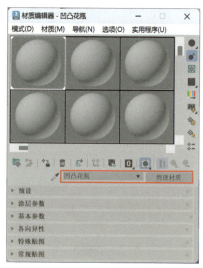

图6-63

03 在"基本参数"卷展栏中，设置基础颜色为红色，如图6-64所示。基础颜色的参数设置如图6-65所示。

04 在"特殊贴图"卷展栏中，单击"凹凸贴图"右侧的"无贴图"按钮，如图6-66所示。

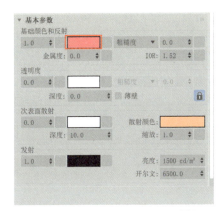

图 6-64

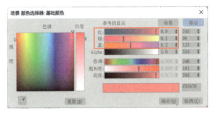

图 6-65

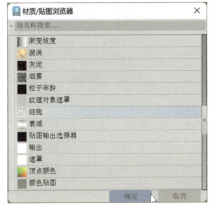

图 6-66

05 在弹出的"材质/贴图浏览器"对话框中，选择"细胞"，单击"确定"按钮，如图6-67所示。

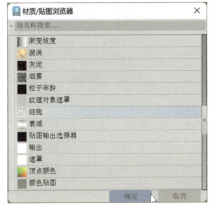

图 6-67

06 在"细胞参数"卷展栏中，设置"细胞特性"为"碎片"、"大小"为2，如图6-68所示。

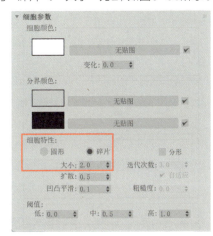

图 6-68

07 渲染场景，渲染效果如图6-69所示。

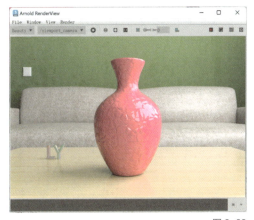

图 6-69

08 在"特殊贴图"卷展栏中，设置"凹凸贴图"为1，如图6-70所示。

图 6-70

09 再次渲染场景，带有凹凸质感的花瓶材质的渲染效果如图6-71所示。

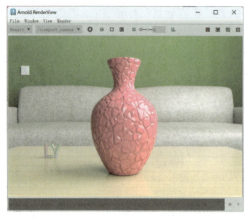

图 6-71

图 6-73

6.3.3 课堂案例：制作木纹材质

文件位置	工程文件 >Ch06> 木纹材质 – 完成 .max
素材位置	工程文件 >Ch06> 木纹材质 .max
视频名称	在线视频 >Ch06> 制作木纹材质 .mp4

本案例讲解木纹材质的制作方法，最终渲染效果如图6-72所示。

图 6-72

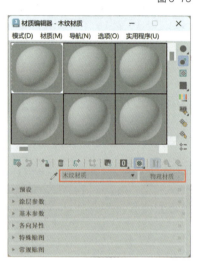

图 6-74

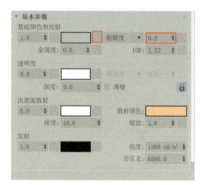

图 6-75

01 启动中文版3ds Max 2025，打开本书配套资源中的"木纹材质.max"文件，如图6-73所示。本场景为一个室内空间，桌子上摆放了一只马匹雕塑模型。

02 选择场景中的雕塑模型，为其添加物理材质，并重命名为"木纹材质"，如图6-74所示。

03 在"基本参数"卷展栏中，设置"粗糙度"为0.2，单击基础颜色右侧的方形按钮，如图6-75所示。

04 在弹出的"材质/贴图浏览器"对话框中，选择"位图"，单击"确定"按钮，如图6-76所示。

05 在"位图参数"卷展栏的"位图"中选择 "木纹-1.jpg"贴图文件，如图6-77所示。

图 6-76

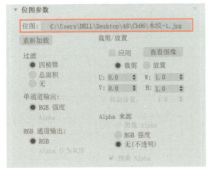

图 6-77

06 选择雕塑模型，在"修改"面板中，为其添加"UVW贴图"修改器，如图6-78所示。

图 6-78

07 在"修改"面板中，选择Gizmo，如图6-79所示。

图 6-79

08 在视图中调整Gizmo的方向和大小，如图6-80所示。

图 6-80

09 渲染场景，木纹材质的渲染效果如图6-81所示。

图 6-81

💡 **技巧与提示**

读者可以留意身边物体表面的纹理，使用相

机或手机拍摄来获取贴图。图6-82所示为根据笔
者所拍摄的九龙壁照片制作出来的贴图文件。

图 6-82

此外，读者也可以使用其他的专业贴图绘制
软件（如Substance 3D Painter）来进行贴图的制
作，如图6-83所示。

图 6-83

6.3.4 渐变坡度贴图

渐变坡度贴图用来制作物体表面的多色渐
变效果。"渐变坡度参数"卷展栏中的参数如
图6-84所示。

图 6-84

常用参数解析

- **渐变类型**：设置渐变坡度贴图的类型。
- **插值**：设置插值的类型。
- **数量**：控制噪波对渐变色的影响程度。
- **大小**：设置噪波的大小。
- **相位**：控制噪波函数的动画速度。

6.3.5 细胞贴图

细胞贴图用于模拟细胞图案效果。"细胞
参数"卷展栏中的参数如图6-85所示。

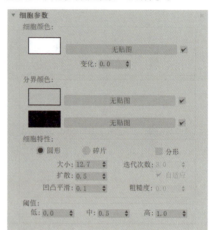

图 6-85

常用参数解析

- **细胞颜色**：设置细胞的颜色。
- **分界颜色**：控制细胞之间的分界颜色。
- **圆形/碎片**：设置细胞边缘的外观效果。
- **大小**：设置细胞贴图的尺寸。
- **扩散**：设置单个细胞的大小。

6.3.6 位图贴图

位图贴图允许用户为贴图通道指定一个图
像。"位图参数"卷展栏中的参数如图6-86
所示。

图 6-86

常用参数解析

● 位图：使用标准文件浏览器选择位图。选中位图后，其右侧的按钮上将显示位图文件的完整路径。

● "重新加载"按钮：重新加载位图文件。

● 应用：勾选后可使用"裁剪"或"放置"方式设置位图。

● "查看图像"按钮：在3ds Max中打开位图文件进行查看。

● 裁剪：在U方向和V方向上调整位图的裁剪位置。

● 放置：在U方向和V方向上调整裁剪区域的大小。

6.3.7 衰减贴图

衰减贴图会根据视图角度来生成模型前面与侧面的渐变色效果。"衰减参数"卷展栏中的参数如图6-87所示。

图6-87

常用参数解析

● 前:侧：分别用来设置基于摄影机z轴角度的模型前面与侧面的颜色。图6-88所示为"前:侧"分别设置成红色和蓝色的模型渲染效果。

图6-88

● 衰减类型：设置衰减的计算类型。

● 衰减方向：设置衰减的计算方向。

6.4 课后习题

6.4.1 课后习题：制作玉石材质

文件位置　工程文件 >Ch06> 玉石材质 – 完成 .max
素材位置　工程文件 >Ch06> 玉石材质 .max
视频名称　在线视频 >Ch06> 制作玉石材质 .mp4

本习题制作玉石材质，最终渲染效果如图6-89所示。

图6-89

01 启动中文版3ds Max 2025，打开本书配套资源中的"玉石材质.max"文件，如图6-90所示。本场景为一个室内空间，桌子上摆放了一个香蕉摆件模型。

图6-90

02 选择场景中的摆件模型，为其添加物理材质，并重命名为"玉石材质"，如图6-91所示。

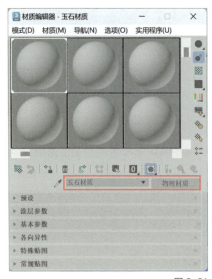

图 6-91

③ 在"基本参数"卷展栏中,设置"次表面散射"的权重为1、次表面散射颜色为黄色,如图6-92所示。次表面散射颜色的参数设置如图6-93所示。

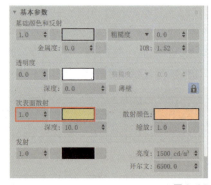

图 6-92

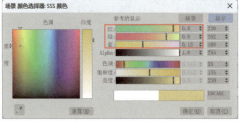

图 6-93

④ 渲染场景,玉石材质的渲染效果如图6-94所示。

图 6-94

⑤ 在"基本参数"卷展栏中,设置"深度"为1、"缩放"为0.2,如图6-95所示。

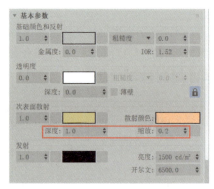

图 6-95

⑥ 渲染场景,玉石材质的渲染效果如图6-96所示。

图 6-96

6.4.2 课后习题：制作X光效果材质

文件位置　　工程文件 >Ch06>X 光效果材质 - 完成 .max
素材位置　　工程文件 >Ch06>X 光效果材质 .max
视频名称　　在线视频 >Ch06> 制作 X 光效果材质 .mp4

本习题制作X光效果材质，最终渲染效果如图6-97所示。

图 6-97

01 启动中文版3ds Max 2025，打开本书配套资源中的"X光效果材质.max"文件，如图6-98所示。本场景为一个室内空间，桌子上摆放了一个凉亭摆件模型。

图 6-98

02 选择场景中的摆件模型，为其添加物理材质，并重命名为"X光材质"，如图6-99所示。

03 在"基本参数"卷展栏中，设置基础颜色为蓝色、"粗糙度"为0.8，如图6-100所示。基础颜色的参数设置如图6-101所示。

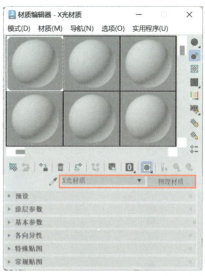

图 6-99

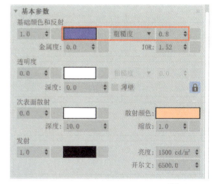

图 6-100

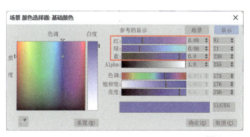

图 6-101

04 在"特殊贴图"卷展栏中，单击"裁切（不透明度）"右侧的"无贴图"按钮，如图6-102所示。

111

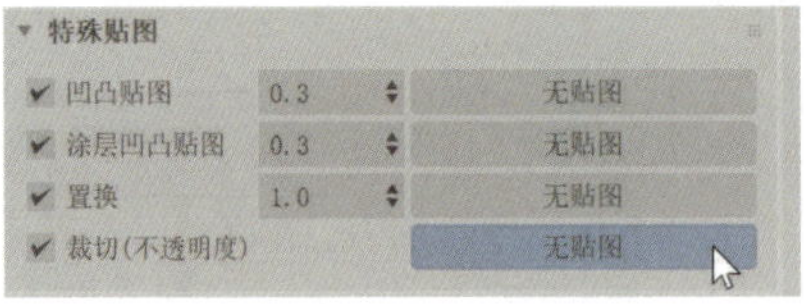

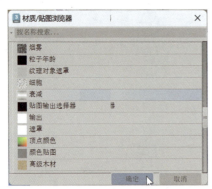

图6-102

05 在弹出的"材质/贴图浏览器"对话框中，选择"衰减"，单击"确定"按钮，如图6-103所示。

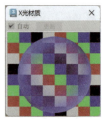

图6-104

06 渲染场景，X光效果材质的渲染效果如图6-105所示。

图6-103

设置完成后，X光材质球的显示效果如图6-104所示。

图6-105

第 7 章

动画技术

本章导读

本章讲解中文版 3ds Max 2025 的动画技术，主要包括关键帧动画、曲线编辑器、约束动画等，希望读者能够通过本章的学习，掌握动画的制作方法及相关技术。

学习要点

◆ 掌握关键帧动画的设置方法。
◆ 掌握曲线编辑器的使用方法。
◆ 掌握约束动画的设置方法。

7.1 动画概述

　　动画以其独特的艺术魅力深受人们的喜爱，其原理是在一定时间内快速播放连续的画面。3ds Max 2025可以将动画师所设计的动画以渲染成序列帧的方式存储在计算机中。图7-1所示为一组动画的部分渲染序列效果。

图7-1

7.2 关键帧动画

　　关键帧动画是三维动画技术中最常用的也是最基础的动画制作技术。说简单些，就是在物体动画的关键时间点上设置数据的记录，而3ds Max 2025则根据这些关键点上的数据设置来完成中间时间段的动画计算，从而生成一段流畅的三维动画。

7.2.1 课堂案例：制作秋千摆动 关键帧动画

文件位置	工程文件 >Ch07> 秋千 – 完成 .max
素材位置	工程文件 >Ch07> 秋千 .max
视频名称	在线视频 >Ch07> 制作秋千摆动关键帧动画 .mp4

　　本案例讲解关键帧动画的制作方法，最终动画效果如图7-2所示。

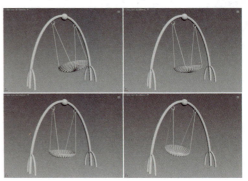

图7-2

01 启动中文版3ds Max 2025，打开本书配套资源中的"秋千.max"文件，如图7-3所示。场景中有一个秋千模型。

图7-3

02 选择场景中的秋千座位模型，如图7-4所示。

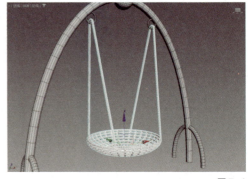

图7-4

03 在"层次"面板中，单击"仅影响轴"按钮，使其处于按下状态，如图7-5所示。

图 7-5

04 在左视图中，调整其坐标轴的位置，如图7-6所示，再次单击"仅影响轴"按钮。

图 7-6

05 在第0帧，调整秋千座位模型的旋转角度，如图7-7所示。

图 7-7

06 单击"自动"按钮，使其处于按下状态，如图7-8所示。

图 7-8

07 在第20帧，调整秋千座位模型的旋转角度，如图7-9所示，再次单击"自动"按钮。

图 7-9

设置完成后，可看到第0帧和第20帧位置所生成的关键帧，如图7-10所示。

图 7-10

08 单击鼠标右键并在弹出的"变换"菜单中执行"曲线编辑器"命令，如图7-11所示。

图 7-11

09 在"轨迹视图-曲线编辑器"窗口中，选择"X轴旋转"属性，并查看其动画曲线，如图7-12所示。

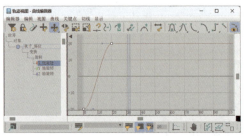

图7-12

10 单击"参数曲线超出范围类型"按钮,如图7-13所示。

图7-13

11 在弹出的"参数曲线超出范围类型"对话框中选择"往复",单击"确定"按钮,如图7-14所示。

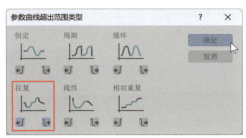

图7-14

12 设置完成后,在"轨迹视图-曲线编辑器"窗口中,查看"X轴旋转"属性的动画曲线,如图7-15所示。

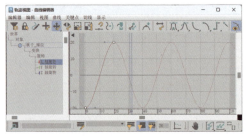

图7-15

13 播放动画,本案例制作完成的秋千摆动关键帧动画效果如图7-16所示。

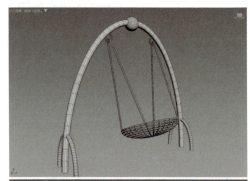

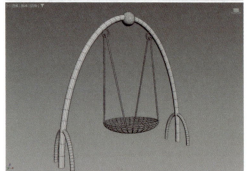

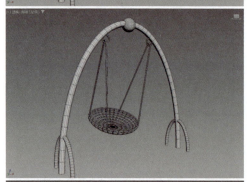

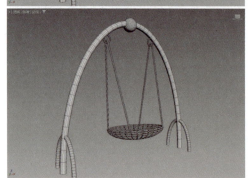

图7-16

7.2.2 设置关键帧

在场景中选择对象,在时间滑块上单击鼠标右键,弹出"创建关键点"对话框,在其中可为所选对象的"位置""旋转""缩放"属性分别设置关键帧,如图7-17所示。

图 7-17

用户可以通过观察关键帧的颜色来判断所选对象的哪个属性设置了动画效果。红色的关键帧代表物体产生了位置动画,绿色的关键帧代表物体产生了旋转动画,蓝色的关键帧代表物体产生了缩放动画。如果关键帧的颜色显示为3色,则代表物体的位置、旋转和缩放属性均有动画效果,如图7-18所示。

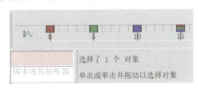

图 7-18

在"修改"面板中,按住Shift键的同时单击鼠标右键可为参数设置关键帧,设置好后,参数右侧的微调器会出现红色的边框效果,如图7-19所示。

图 7-19

7.2.3 删除关键帧

先在场景中选择对象,再选择要删除的关键帧,按Delete键可将关键帧删除。如果要删除所选对象上的所有关键帧,则可以通过执行"动画>删除选定动画"命令来完成,如图7-20所示。

图 7-20

7.2.4 曲线编辑器

"轨迹视图-曲线编辑器"窗口用于查看及修改场景中物体的动画曲线,如图7-21所示。

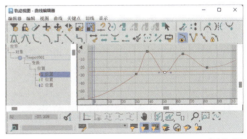

图 7-21

常用参数解析

● 📊过滤器:用于确定"轨迹视图-曲线编辑器"窗口中显示哪些场景组件。单击该按钮可以打开"过滤器"对话框,如图7-22所示。

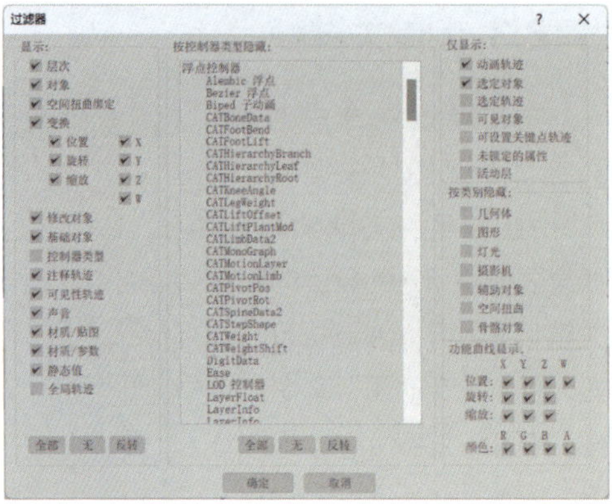

图 7-22

- 锁定当前选择：锁定用户选定的关键点。
- 绘制曲线：在“轨迹视图-曲线编辑器”窗口中绘制动画曲线。
- 添加/移除关键点：在现有曲线上创建关键点，按住Shift键的同时单击可移除关键点。
- 移动关键点：移动关键点。
- 滑动关键点：移动关键点时会影响移动方向上相邻的关键点的位置。
- 缩放关键点：用于缩放多个关键帧之间的距离。
- 缩放值：缩放多个关键帧之间的数值。
- 捕捉缩放：将缩放原点移动到第一个选定的关键点。
- 简化曲线：单击该按钮会弹出“简化曲线”对话框，可在此设置“阈值”来控制轨迹中的关键点数量，如图7-23所示。

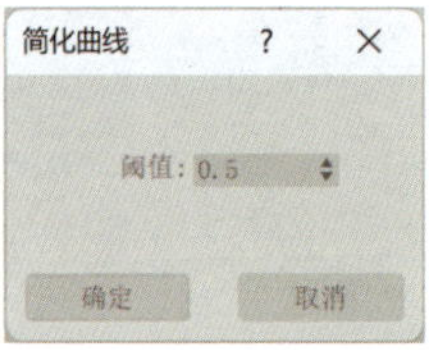

图 7-23

- 参数曲线超出范围类型：单击该按钮会弹出“参数曲线超出范围类型”对话框，如图7-24所示，可在此设置在多个关键帧范围之外的曲线类型。

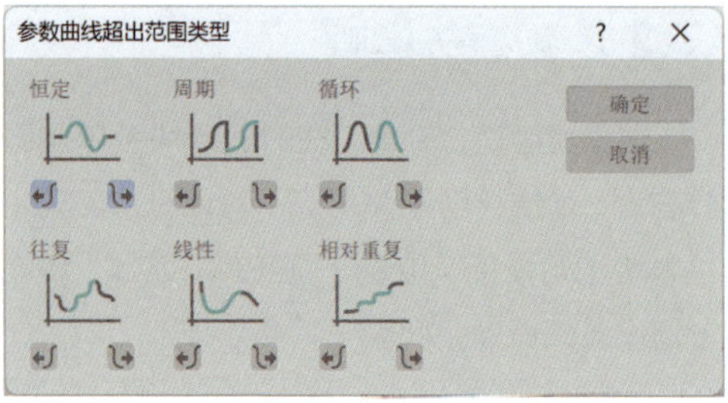

图 7-24

- 选择下一组关键点：取消选择当前选定的关键点，选择下一组关键点。按住Shift键的同时单击则选择上一组关键点。
- 增加关键点选择：选择与一个选定的关键点相邻的关键点。按住Shift键的同时单击可取消选择外部的两个关键点。
- 将切线设置为自动：设置关键点类型为“自动切线”并对关键点两侧的曲线形态产生影响。
- 将切线设置为样条线：设置关键点类型为“样条线”并对关键点两侧的曲线形态产生影响。
- 将切线设置为快速：设置关键点类型为“快速”并对关键点两侧的曲线形态产生影响。
- 将切线设置为慢速：设置关键点类型为“慢速”并对关键点两侧的曲线形态产生影响。
- 将切线设置为阶越：设置关键点类型为“阶越”并对关键点两侧的曲线形态产生影响。
- 将切线设置为线性：设置关键点类型为“线性”并对关键点两侧的曲线形态产生影响。
- 将切线设置为平滑：设置关键点类型为“平滑”并对关键点两侧的曲线形态产生影响。
- 缩放选定对象：单击可在“轨迹视图-曲线编辑器”窗口中显示出所选择对象的相关属性。
- 编辑轨迹集：单击后会打开“轨迹集编辑器”窗口，如图7-25所示。

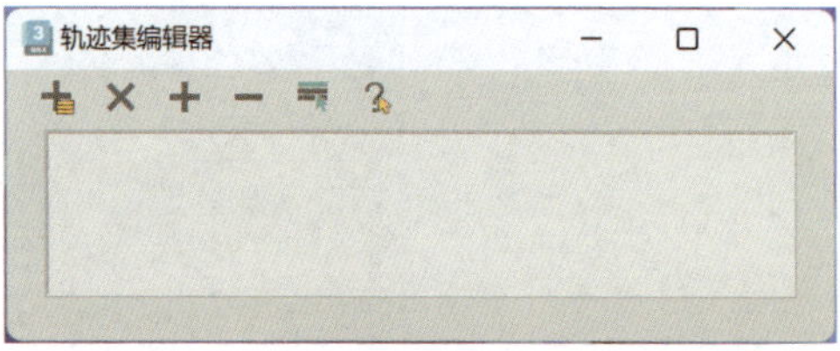

图 7-25

• ▧过滤器-选定轨迹切换：用于切换"轨迹视图-曲线编辑器"窗口中所选对象属性的显示方式。图7-26所示为启用该功能前后的显示效果对比。

图 7-26

• ▧过滤器-选定对象切换：当场景中包含多个对象时，启用该功能后，"轨迹视图-曲线编辑器"窗口中将仅显示当前所选对象的相关属性。图7-27所示为启用该功能前后的显示效果对比。

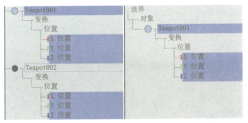

图 7-27

• ▧过滤器-动画轨迹切换：启用该功能后，"轨迹视图-曲线编辑器"窗口中将只显示设置了动画效果的属性。图7-28所示为启用该功能前后的显示效果对比。

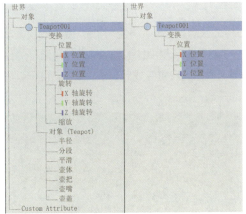

图 7-28

7.3 约束动画

动画约束是一种特殊类型的控制器，通过

与另一个对象的绑定关系来控制对象的位置、旋转和缩放。通过对对象设置约束，可以将多个物体的变换约束到一个物体上，从而极大地减少工作量，也便于项目后期的动画修改。执行"动画>约束"命令，可看到3ds Max 2025为用户提供的所有约束命令，如图7-29所示。

图 7-29

7.3.1 课堂案例：制作汽车行驶动画

文件位置	工程文件 >Ch07> 汽车 - 完成 .max
素材位置	工程文件 >Ch07> 汽车 .max
视频名称	在线视频 >Ch07> 制作汽车行驶动画 .mp4

本案例讲解汽车行驶动画的制作方法，最终动画效果如图7-30所示。

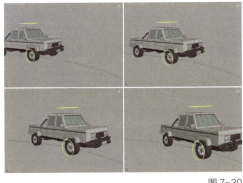

图 7-30

01 启动中文版3ds Max 2025，打开本书配套资源中的"汽车.max"文件，如图7-31所示。场景中有一个低面数风格的汽车模型、一个黄色箭头模型、一个黄色圆圈模型和一条弧线。

02 选择场景中的汽车模型和黄色的圆，如图7-32所示。

图 7-31

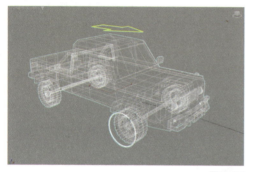

图 7-32

03 单击主工具栏中的"选择并链接"按钮，如图7-33所示。

图 7-33

04 将它们链接至汽车模型上方的箭头控制器上，以建立父子关系，如图7-34所示。

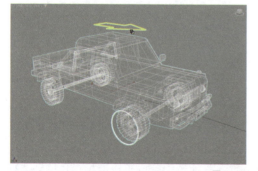

图 7-34

05 单击"创建"面板中的"点"按钮，如图7-35所示。

图 7-35

06 在场景中任意位置创建一个点，如图7-36所示。

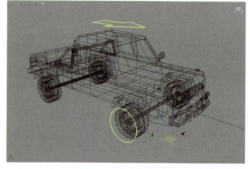

图 7-36

07 选择点，执行"动画>约束>路径约束"命令，再单击场景中的弧线，将点对象路径约束到弧线上。设置完成后，可以看到点位于弧线的一端，如图7-37所示。

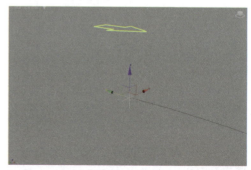

图 7-37

08 在"运动"面板中，展开"路径参数"卷展栏，勾选"跟随"复选框，如图7-38所示。这样，点在弧线上移动时，车头朝向也会随之改变。

图 7-38

09 选择场景中的箭头控制器，调整其至图7-39所示的位置，并将其链接至场景中的点对象。此时拖动时间滑块，可以看到汽车沿弧线行驶的动画已制作完成。

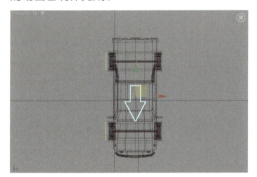

图 7-39

10 接下来制作车轮的滚动动画。选择图7-40所示的圆。

图 7-40

11 在"运动"面板中，展开"指定控制器"卷展栏，先选择"Y轴旋转:Bezier浮点"，再单击"指定控制器"按钮，如图7-41所示。

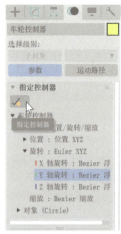

图 7-41

12 在弹出的"指定控制器"对话框中，选择"浮点脚本"控制器，单击"确定"按钮，如图7-42所示。

图 7-42

13 在系统弹出的对话框的"表达式"文本框

中输入表达式curvelength $Lujing
*$Point001.pos.controller.Path_Con-
straint.controller.percent*0.01 / 10，即通
过对场景中点对象所移动的距离求值，并用该
值除以车前轮附近的圆半径得到的数值来控制
圆形车轮转动的角度。设置完成后单击"计
算"按钮，如图7-43所示，关闭该对话框。这
里需要注意的是，截图中"表达式"文本框内
没有完全显示以上输入的表达式。

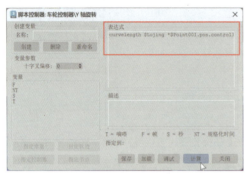

图7-43

14 选择汽车前轮模型，执行"动画>约束>方
向约束"命令，将其方向约束至其对应位置刚
刚添加完脚本控制器的圆上，如图7-44所示。

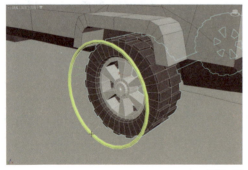

图7-44

15 以同样的操作方法为汽车后轮模型也设置
方向约束。这样，整个汽车的行驶动画就制
作完成了，本案例的最终动画效果如图7-45
所示。

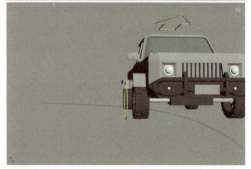

图7-45

7.3.2 附着约束

附着约束是一种位置约束，它能够将一个

对象的位置附着到另一个对象的面上。"附着参数"卷展栏中的参数如图7-46所示。

图 7-46

常用参数解析

● "拾取对象"按钮：拾取场景中的物体作为被约束对象的附着目标。

● 对齐到曲面：将附着的对象的方向对齐到其所指定的曲面。

● "更新"按钮：单击该按钮可更新显示。

● 手动更新：勾选该复选框可以激活"更新"按钮。

● 时间：显示当前帧，并可以将当前关键点移动到不同的帧中。

● 面：设置面的ID号。

● A/B：设置定义面上附着对象的重心坐标。

● "设置位置"按钮：单击该按钮，可以在视口中的目标对象上拖动来指定面和面上的位置。

● 张力：设置TCB控制器的张力，范围为0到50。

● 连续性：设置TCB控制器的连续性，范围为0到50。

● 偏移：设置TCB控制器的偏移，范围为0到50。

● 缓入：设置TCB控制器的缓入，范围为0到50。

● 缓出：设置TCB控制器的缓出，范围为0到50。

7.3.3 路径约束

使用路径约束可限制对象的移动，使其沿一条样条线移动，或在多条样条线之间以平均间距进行移动。"路径参数"卷展栏中的参数如图7-47所示。

图 7-47

常用参数解析

● "添加路径"按钮：拾取场景中的曲线作为被约束对象的路径目标。

● "删除路径"按钮：从目标列表中移除所选曲线。

● 权重：为每条路径设置约束的强度。

● %沿路径：设置对象位于整条路径的位置百分比。

● 跟随：使曲线的弧度影响被约束对象。

● 倾斜量：当对象通过样条线时允许对象倾斜的量。

- **允许翻转**：勾选此复选框，可避免对象在沿着垂直方向的路径行进时有翻转的情况。

- **恒定速度**：勾选此复选框，可为沿着路径行进的对象提供一个恒定的速度。

- **循环**：勾选此复选框，当约束对象到达路径末端时会回到起始点。

- **相对**：勾选此复选框，可保持约束对象的原始位置。

- **X/Y/Z**：设置对象的对应轴与路径轨迹对齐。

- **翻转**：勾选此复选框，可翻转轴的方向。

7.3.4 注视约束

注视约束会控制对象的方向，使它一直注视另外一个或多个对象。"注视约束"卷展栏中的参数如图7-48所示。

图7-48

常用参数解析

- **"添加注视目标"按钮**：拾取场景中的物体作为被约束对象的注视目标。

- **"删除注视目标"按钮**：从目标列表中移除所选物体。

- **权重**：为每个目标指定权重值。

- **保持初始偏移**：保留受约束对象的初始方向。

- **视线长度**：设置视线的长度。

- **"设置方向"按钮**：允许对约束对象的偏移方向进行手动修改。

- **"重置方向"按钮**：将约束对象的方向设置回默认值。

7.3.5 方向约束

方向约束会使某个对象的方向沿着目标对象的方向或若干目标对象的平均方向。"方向约束"卷展栏中的参数如图7-49所示。

图7-49

常用参数解析

- **"添加方向目标"按钮**：拾取场景中的物体作为被约束对象的方向目标。

- **"将世界作为目标添加"按钮**：将受约束对象与世界坐标轴对齐。

- **"删除方向目标"按钮**：从目标列表中移除所选物体。

- **权重**：用于为每个目标指定权重值。

- **保持初始偏移**：保留受约束对象的初始方向。

7.4 课后习题

7.4.1 课后习题：制作瓶子吞球动画

文件位置	工程文件 >Ch07> 花瓶 – 完成 .max
素材位置	工程文件 >Ch07> 花瓶 .max
视频名称	在线视频 >Ch07> 制作瓶子吞球动画 .mp4

在制作三维动画项目时,常常需要以夸张的手法来制作一些非现实状态的动画效果。本习题制作瓶子吞球动画,最终动画效果如图7-50所示。

图 7-50

01 启动中文版3ds Max 2025,打开本书配套资源中的"花瓶.max"文件,如图7-51所示。场景中有一个花瓶和一个小球模型。

图 7-51

02 在"创建"面板中,单击"置换"按钮,如图7-52所示。

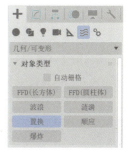

图 7-52

03 在任意位置创建一个置换对象,如图7-53所示。

图 7-53

04 在"修改"面板中,展开"参数"卷展栏,设置"贴图"为"球形"、"长度""宽度""高度"均为6,如图7-54所示。

图 7-54

图 7-57

设置完成后,在"场景资源管理器"面板中可以看到小球模型与置换对象之间的上下层级关系,如图7-58所示。

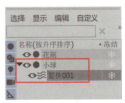

图 7-58

05 选择置换对象,按住快捷键Shift+A,单击小球模型,将置换对象快速对齐到小球模型上,如图7-55所示。

图 7-55

06 选择置换对象,单击主工具栏中的"选择并链接"按钮,如图7-56所示,将其链接至小球模型,如图7-57所示。

图 7-56

07 选择置换对象,单击主工具栏中的"绑定到空间扭曲"按钮,如图7-59所示,将其绑定至花瓶模型,如图7-60所示。

图 7-59

图 7-60

设置完成后,选择花瓶模型,在"修改"

面板中可以看到自动添加了"置换绑定
（WSM）"修改器，如图7-61所示。

08 选择置换对象，在"修改"面板中，展开
"参数"卷展栏，设置"强度"为5、"衰退"为
0.5，如图7-62所示。

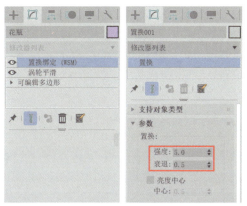

图 7-61　　　　　图 7-62

09 单击"自动"按钮，使其处于按下状态，如
图7-63所示。

图 7-63

10 在第50帧处，调整小球的位置，如图7-64
所示，再次单击"自动"按钮，使其处于未按
下状态。

图 7-64

　　播放动画，本习题制作完成的瓶子吞球动
画效果如图7-65所示。

图 7-65

💡 **技巧与提示**

　　读者也可以使用相似的操作方法来制作蛇吞
物体所产生的夸张形变动画效果。

7.4.2 课后习题：制作弹簧翻滚动画

文件位置	工程文件 >Ch07> 弹簧－完成 .max
素材位置	工程文件 >Ch07> 弹簧 .max
视频名称	在线视频 >Ch07> 制作弹簧翻滚动画 .mp4

本习题使用关键帧动画技术和曲线编辑器制作一个弹簧向前翻滚的动画，最终动画效果如图7-66所示。

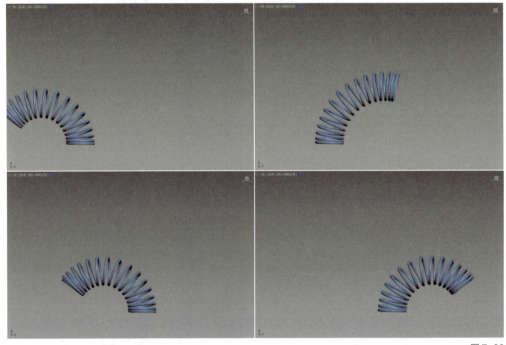

图 7-66

01 启动中文版3ds Max 2025，打开本书配套资源中的"弹簧.max"文件，如图7-67所示。场景中有一个弹簧模型。

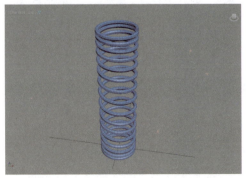

图 7-67

02 选择场景中的弹簧模型，在"修改"面板中为其添加"弯曲"修改器，如图7-68所示。

图 7-68

> **技巧与提示**
>
> 添加完"弯曲"修改器后，其名称显示为Bend。

03 在第0帧处，展开"参数"卷展栏，设置"角度"为-180，如图7-69所示。

图 7-69

设置完成后，弹簧模型显示效果如图7-70所示。

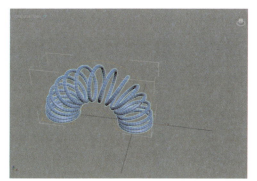

图 7-70

04 单击"自动"按钮，使其处于按下状态，如图7-71所示。

图 7-71

05 在第10帧处，设置"角度"为180，如图7-72所示。

图 7-72

设置完成后，弹簧模型显示效果如图7-73所示。

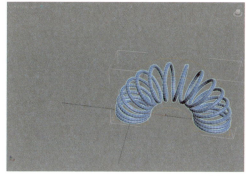

图 7-73

06 执行"视图>显示重影"命令，可以在视图中看到弹簧的弯曲动画效果，如图7-74所示。

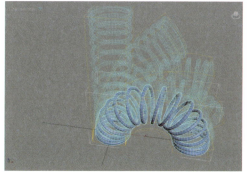

图 7-74

07 单击主工具栏中的"曲线编辑器"按钮，如图7-75所示。

图 7-75

08 在弹出的"轨迹视图-曲线编辑器"窗口的左侧找到"弯曲"修改器的"角度"属性，观察其动画曲线，如图7-76所示。

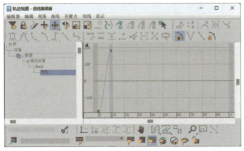

图 7-76

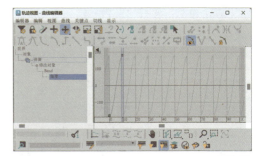

图 7-79

09 在"轨迹视图-曲线编辑器"窗口中单击 "参数曲线超出范围类型"按钮,如图7-77 所示。

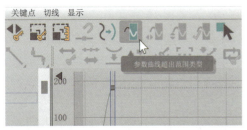

图 7-77

10 在系统弹出的"参数曲线超出范围类型" 对话框中,选择"循环",单击"确定"按钮, 如图7-78所示。

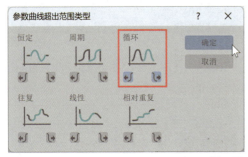

图 7-78

设置完成后,"轨迹视图-曲线编辑器"窗口中"角度"属性的动画曲线如图7-79所示。

11 选择场景中的弹簧模型,单击鼠标右键并执行"克隆"命令,如图7-80所示。

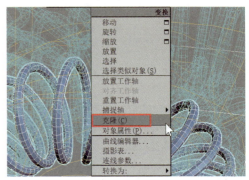

图 7-80

12 在系统自动弹出的"克隆选项"对话框中,选择"复制",单击"确定"按钮,如图7-81所示。

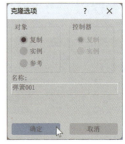

图 7-81

13 在第10帧处,调整弹簧模型至图7-82所示的位置,调整时可以参考刚刚复制出来的弹簧模型。

14 在"轨迹视图-曲线编辑器"窗口的左侧找到弹簧模型的"X位置"属性,观察其动画曲线,如图7-83所示。

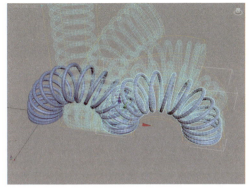

图 7-82

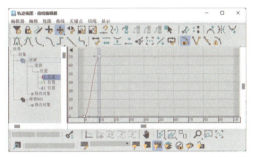

图 7-83

15 单击"将切线设置为阶梯式"按钮，如图7-84所示。

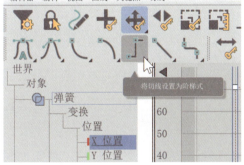

图 7-84

设置完成后，"轨迹视图-曲线编辑器"窗口中"X位置"属性的动画曲线如图7-85所示。

图 7-85

16 在"轨迹视图-曲线编辑器"窗口中单击"参数曲线超出范围类型"按钮，如图7-86所示。

图 7-86

17 在"参数曲线超出范围类型"对话框中，选择"相对重复"，单击"确定"按钮，如图7-87所示。

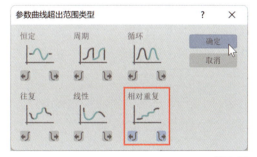

图 7-87

18 设置完成后，删除场景中复制得到的弹簧模型。播放场景动画，本习题制作完成的动画效果如图7-88所示。

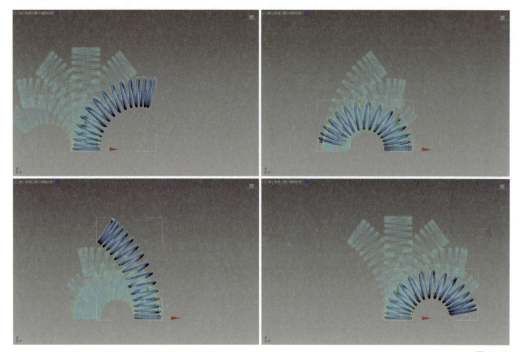

图7-88

第 8 章

动力学动画

本章导读

本章讲解中文版 3ds Max 2025 的动力学动画技术，并制作物体掉落动画和角色的衣服模型。希望读者通过本章的学习，能够掌握制作动力学动画的相关技巧。

学习要点

◆ 掌握制作物体掉落动画的方法。
◆ 掌握制作角色的衣服模型的方法。

8.1 动力学概述

中文版3ds Max 2025为动画师提供了功能强大且易于掌握的动力学动画模拟系统,可制作出运动规律较为复杂的自由落体动画、刚体碰撞动画、布料运动动画。动力学系统不但为特效动画师们提供了效果逼真、合理的动力学动画模拟解决方案,还极大地节省了手动设置关键帧所消耗的时间。

8.2 MassFX动力学

MassFX动力学通过对物体质量、摩擦力、反弹力等多个属性进行合理设置,能够模拟出高度逼真的物理运动效果,并在对象上自动生成大量的关键帧动画。在主工具栏上单击鼠标右键即可找到并显示MassFX工具栏,如图8-1所示。

图8-1

8.2.1 课堂案例:制作物体掉落动画

文件位置	工程文件 >Ch08> 苹果 – 完成 .max
素材位置	工程文件 >Ch08> 苹果 .max
视频名称	在线视频 >Ch08> 制作物体掉落动画 .mp4

本案例讲解使用MassFX动力学制作苹果掉落动画,最终动画效果如图8-2所示。

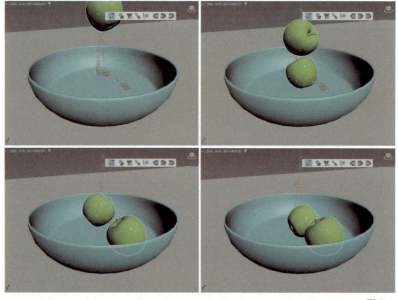

图8-2

01 启动中文版3ds Max 2025，打开本书配套资源中的"苹果.max"文件，如图8-3所示。场景中有一个碗模型和两个苹果模型。

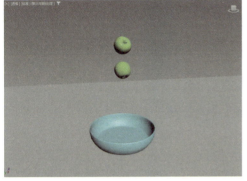

图8-3

02 选择场景中的两个苹果模型，单击"将选定项设置为动力学刚体"按钮，如图8-4所示。

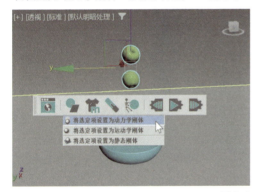

图8-4

03 选择场景中的碗模型，单击"将选定项设置为静态刚体"按钮，如图8-5所示。

图8-5

设置完成后，碗模型的显示效果如图8-6所示。

图8-6

04 在"修改"面板中，展开"物理图形"卷展栏，设置"图形类型"为"凹面"，如图8-7所示。

05 在"物理网格参数"卷展栏中，单击"生成"按钮，如图8-8所示。碗模型上的网格显示效果如图8-9所示。

图8-7　　　　图8-8

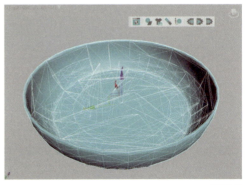

图8-9

06 在"场景设置"卷展栏中，设置"子步数"为8、"解算器迭代数"为30，提高动力学计算的精度，如图8-10所示。

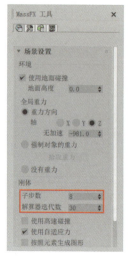

图 8-10

07 在场景中选择两个苹果模型，如图8-11所示。

图 8-11

08 在"刚体属性"卷展栏中，单击"烘焙"按钮，开始动力学动画的计算，如图8-12所示。

💡 技巧与提示

单击"烘焙"按钮前，需要场景中哪些物体产生动力学动画就选择哪些物体。选择错误可能会导致计算出错。

图 8-12

计算完成后，播放场景动画，本实例的最终动画效果如图8-13所示。

图 8-13

8.2.2 "场景设置"卷展栏

"场景设置"卷展栏中的参数如图8-14所示。

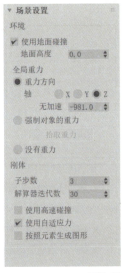

图 8-14

图 8-15

常用参数解析

• **使用地面碰撞**：默认勾选此复选框，MassFX动力学使用地面高度级别的无限、平面、静态刚体。

• **地面高度**：设置地面的高度。

• **重力方向**：设置重力的方向。

• **强制对象的重力**：可以使用重力空间扭曲将重力应用于刚体。

• **没有重力**：取消重力对模拟的影响。

• **子步数**：设置碰撞模拟的精度，值越大，计算越精确，耗时越长。

• **解算器迭代数**：设置强制执行碰撞和约束的次数。

• **使用高速碰撞**：切换连续的碰撞检测。

• **使用自适应力**：勾选此复选框，MassFX会根据需要收缩组合防穿透力来减少堆叠和紧密聚合刚体的抖动。

• **按照元素生成图形**：勾选此复选框，MassFX会为对象中的每个元素创建一个单独的物理图形。图8-15所示分别为勾选该复选框前后的凸面外壳生成显示效果对比。

8.2.3 "高级设置"卷展栏

"高级设置"卷展栏中的参数如图8-16所示。

图 8-16

常用参数解析

• **自动/手动（睡眠设置）**：设置睡眠设置的方式。

• **睡眠能量**："睡眠设置"为"手动"时，该参数将被激活。

• **自动/手动（高速碰撞）**：设置高速碰撞的方式。

- 最低速度："高速碰撞"为"手动"时，该参数将被激活。

- 自动/手动（反弹设置）：切换反弹设置的方式。

- 最低速度："反弹设置"为"手动"时，该参数将被激活。

- 接触距离：允许移动刚体之间重叠的距离，该值过高会产生明显的物体穿透现象，过低则会产生物体抖动现象。

- 支撑台深度：允许支撑体重叠的距离。

8.2.4 "引擎"卷展栏

"引擎"卷展栏中的参数如图8-17所示。

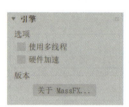

图 8-17

常用参数解析

- 使用多线程：勾选后，如果用户系统的CPU具有多个内核，则软件将启用多线程，以加快模拟的计算速度。

- 硬件加速：勾选后，如果用户的系统配备了NVIDIA GPU，可使用硬件加速来执行某些计算。

- "关于MassFX"按钮：单击该按钮会弹出"关于MassFX"对话框来显示当前MassFX版本信息，如图8-18所示。

图 8-18

8.2.5 "模拟"卷展栏

"模拟"卷展栏中的参数如图8-19所示。

图 8-19

常用参数解析

- "重置模拟"按钮：将动力学刚体设置为初始变换状态。

- "开始模拟"按钮：从当前帧开始模拟动画。

- "开始没有动画的模拟"按钮：仅模拟动力学效果，但不会生成动画。

- "逐帧模拟"按钮：模拟一帧的动力学效果。

- "烘焙所有"按钮：将所有动力学对象的变换数据存储为动画关键帧。

- "烘焙选定项"按钮：只烘焙选定动力学对象的关键帧动画。

- "取消烘焙所有"按钮：删除所有对象经烘焙得到的关键帧动画。

- "取消烘焙选定项"按钮：取消烘焙选定对象的关键帧。

- "捕获变换"按钮：将每个选定动力学对象的初始变换设置为其当前变换。

8.2.6 "模拟设置"卷展栏

"模拟设置"卷展栏中的参数如图8-20所示。

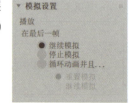

图 8-20

常用参数解析

• 在最后一帧：当动画进行到最后一帧时，选择
3ds Max要执行的操作。

8.2.7 "实用程序"卷展栏

"实用程序"卷展栏中的参数如图8-21
所示。

图 8-21

常用参数解析

• "浏览场景"按钮：单击该按钮会打开"场景
资源管理器-MassFX 资源管理器"窗口，如图8-22
所示。

图 8-22

• "验证场景"按钮：单击该按钮会弹出"验证
PhysX场景"对话框，验证各种场景元素是否违反模
拟要求，如图8-23所示。

图 8-23

• "导出场景"按钮：单击该按钮会将场景导出
为PXPROJ文件，以使该模拟可用于其他程序。

布料系统用于模拟布料的动画效果，主要
包括"服装生成器"修改器和Cloth修改器，
它们分别用于生成贴合角色的服装模型和模拟
布料的动力学效果。

8.3.1 课堂案例：制作角色的 衣服模型

文件位置　工程文件 >Ch08> 人体 – 完成 .max
素材位置　工程文件 >Ch08> 人体 .max
视频名称　在线视频 >Ch08> 制作角色的衣服模型 .mp4

本案例讲解使用"服装生成器"修改器和
Cloth修改器制作角色的衣服模型，完成效果
如图8-24所示。

图 8-24

01 启动中文版3ds Max 2025，打开本书配
套资源中的"人体.max"文件，如图8-25所
示。场景中有一个人体模型和一个衣服图样
（前后片）。

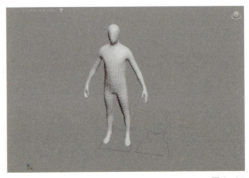

图 8-25

观察场景中的衣服图样,不难发现这是一件背心。

02 选择场景中的衣服图样,如图8-26所示。

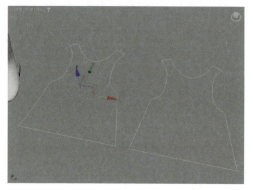

图8-26

03 添加"服装生成器"修改器,如图8-27所示。设置完成后,衣服图样所生成的模型效果如图8-28所示。

图8-27

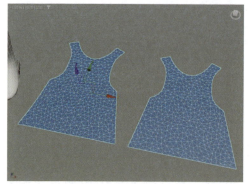

图8-28

04 在"主要参数"卷展栏中,单击"无"按钮,如图8-29所示。再单击场景中的人体模型,当"无"按钮上显示人体模型的名称后,单击"在体形上标记点"按钮,如图8-30所示。

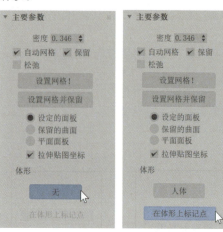

图8-29　　　　　　图8-30

05 在前视图中,按照视图左上方的提示在人体模型的对应位置依次单击做出标记,如图8-31所示。

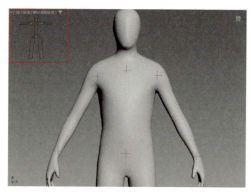

图8-31

06 在"修改"面板中,选择"面板",如图8-32所示。

图8-32

07 选择衣服模型上图8-33所示的面，在"面板"卷展栏中，单击"中心（前）"按钮，如图8-34所示，所选择的面会出现在角色身体的正前方，如图8-35所示。

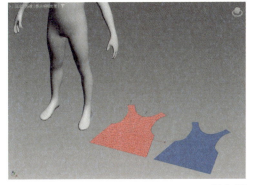

图 8-33

图 8-34

图 8-35

08 以同样的操作方法将衣服的另一面移动至角色身体的正后方，如图8-36所示。

图 8-36

09 在前视图中，微调衣服的位置，如图8-37所示。

图 8-37

10 在"修改"面板中，选择"接缝"，如图8-38所示。

图 8-38

11 选择图8-39所示的线条，在"接缝"卷展栏中，单击"创建接缝"按钮，如图8-40所示，得到图8-41所示的显示效果。

141

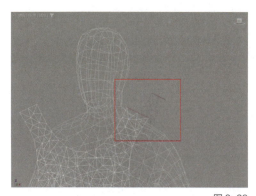

图 8-39

图 8-40

图 8-41

⓬ 以同样的操作方法为衣服其他需要缝合的地方创建接缝,如图8-42所示。

图 8-42

　　如果在创建接缝时,出现图8-43所示的情况,则需要单击"反转接缝"按钮。

图 8-43

⓭ 为衣服模型添加Cloth修改器,如图8-44所示。

⓮ 在"对象"卷展栏中,单击"对象属性"按钮,如图8-45所示。

图 8-44　　　　　　　　图 8-45

⓯ 在弹出的"对象属性"对话框中,设置衣服图样为"布料",单击"添加对象"按钮,将场景中的人体模型添加进来,如图8-46所示。

图 8-46

⑯ 设置人体模型为"冲突对象"，单击"确定"按钮，如图8-47所示。

图 8-47

⑰ 在"对象"卷展栏中，单击"模拟局部"按钮，如图8-48所示，衣服模型计算完成的效果如图8-49所示。仔细观察可以发现缝合处有一些裂开的效果。

图 8-48

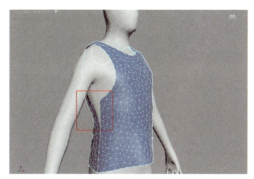

图 8-49

⑱ 在"模拟参数"卷展栏中，取消勾选"使用缝合弹簧"复选框，如图8-50所示。

⑲ 在"对象"卷展栏中，单击"重设状态"按钮，如图8-51所示。衣服模型的显示效果如图8-52所示。

图 8-50

图 8-51

图 8-52

⑳ 在"对象"卷展栏中，再次单击"模拟局部"按钮，得到最终的角色衣服模型效果，如图8-53所示。

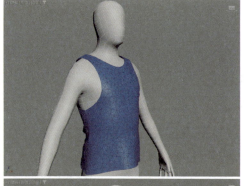

图 8-53

8.3.2 "服装生成器"修改器

"服装生成器"修改器用于根据闭合的线条来生成布料模型，其"主要参数"卷展栏中的参数如图8-54所示。

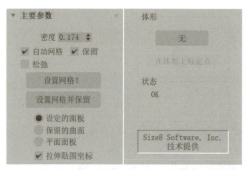

图 8-54

常用参数解析

• **密度：**设置生成的布料模型的网格密度，值越大，网格越密集。图8-55所示分别是该值为0.2和0.6的模型效果。

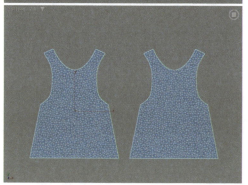

图 8-55

• **自动网格：**勾选此复选框，"服装生成器"修改器的密度更改时会自动更新网格效果。

• **松弛：**勾选此复选框，会产生较平滑的效果。

• **"设置网格！"按钮：**当未勾选"自动网格"复选框时，更改"密度"值后，需要单击该按钮更新重新计算后的网格效果。

• **"无"按钮：**用于拾取场景中的角色模型。

• **"在体形上标记点"按钮：**拾取角色模型后，该按钮将被激活，用户可在角色模型上标记点。

8.3.3 Cloth修改器

Cloth修改器用于计算布料的形态或动画效果，其"对象"卷展栏中的参数如图

8-56所示。

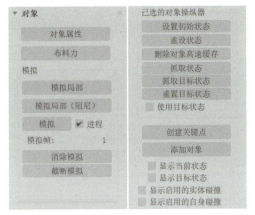

图 8-56

常用参数解析

• **"对象属性"按钮**：单击该按钮会打开"对象属性"对话框，如图8-57所示，在其中可设置布料及碰撞对象的基本属性。

图 8-57

• **"布料力"按钮**：单击该按钮会打开"力"对

话框，如图8-58所示，在其中可将场景中的力添加到布料模拟计算中。

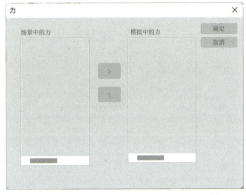

图 8-58

• **"模拟局部"按钮**：不生成布料动画，仅计算布料的形态。

• **"模拟局部（阻尼）"按钮**：与"模拟局部"按钮作用相同，但在计算的过程中会添加阻尼效果。

• **"模拟"按钮**：在当前帧处进行模拟。

• **"消除模拟"按钮**：删除当前的模拟缓存。

• **"截断模拟"按钮**：删除当前帧之后的动画效果。

• **"设置初始状态"按钮**：将所选布料的第一帧状态更新至当前帧。

• **"重设状态"按钮**：将所选布料重设为最初未计算时的状态。

8.4 课后习题

8.4.1 课后习题：制作小旗飘动动画

文件位置　工程文件 >Ch08> 旗杆 – 完成 .max
素材位置　工程文件 >Ch08> 旗杆 .max
视频名称　在线视频 >Ch08> 制作小旗飘动画 .mp4

本习题使用"服装生成器"修改器和Cloth修改器制作小旗飘动动画，完成效果如图8-59所示。

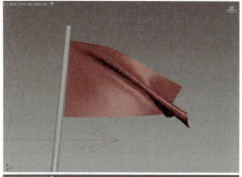

图 8-59

01 启动中文版3ds Max 2025，打开本书配套资源中的"旗杆.max"文件，如图8-60所示。场景中有一个旗杆模型。

图 8-60

02 在"创建"面板中，单击"矩形"按钮，如图8-61所示，在前视图中创建一个矩形。

03 在"参数"卷展栏中，设置"长度"为60cm、"宽度"为90cm，如图8-62所示。

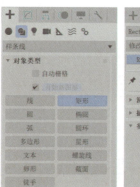

图 8-61　　　　　　图 8-62

04 设置完成后，调整矩形的位置，如图8-63所示。

图 8-63

146

05 选择矩形，在"修改"面板中，为其添加"服装生成器"修改器，如图8-64所示。

06 在"主要参数"卷展栏中，设置"密度"为0.3，如图8-65所示。

图 8-64　　　　　图 8-65

设置完成后，生成的旗帜模型效果如图8-66所示。

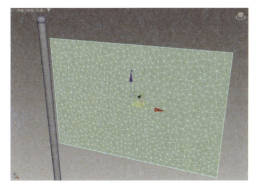

图 8-66

07 选择旗帜模型，在"修改"面板中，为其添加Cloth修改器，如图8-67所示。

08 在"对象"卷展栏中，单击"对象属性"按钮，如图8-68所示。

图 8-67　　　　　图 8-68

09 在弹出的"对象属性"对话框中，设置旗帜模型为"布料"，单击"确定"按钮，如图8-69所示。

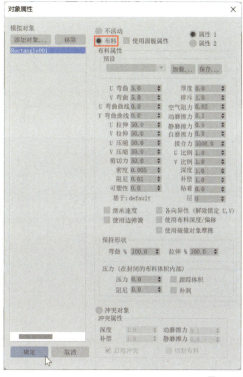

图 8-69

10 在"创建"面板中，单击"风"按钮，如图8-70所示。在场景中创建一个风对象，如图8-71所示。

图 8-70

11 在前视图中，调整风对象的位置和角度，如图8-72所示。

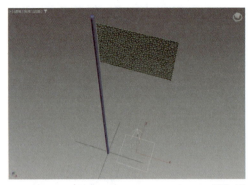

图 8-71

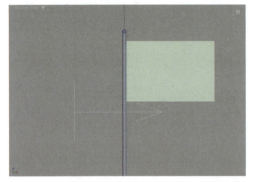

图 8-72

12 在"参数"卷展栏中,设置"强度"为15、"湍流"为2、"频率"为2,如图8-73所示。

13 选择旗帜模型,单击"对象"卷展栏中的"布料力"按钮,如图8-74所示。

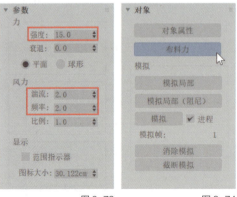

图 8-73   图 8-74

14 在"力"对话框中选择刚刚创建的风对象,单击>按钮,如图8-75所示,将其移动至"模拟中的力"区域。

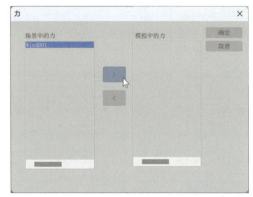

图 8-75

15 在"修改"面板中,选择"组",如图8-76所示。

图 8-76

16 选择图8-77所示的顶点。在"组"卷展栏中,单击"设定组"按钮,如图8-78所示。

17 在弹出的"设定组"对话框中,单击"确定"按钮,如图8-79所示。

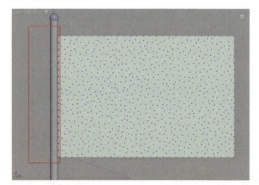

图 8-77

图 8-78　　　　　　图 8-79

18 在"组"卷展栏中，单击"节点"按钮，如图8-80所示。

19 在场景中单击旗杆模型，将旗帜的顶点组合约束至旗杆模型上，如图8-81所示。

图 8-80　　　　　　图 8-81

20 在"对象"卷展栏中，单击"模拟"按钮，开始计算旗帜的布料动画，如图8-82所示。

图 8-82

播放场景动画，本习题最终的动画效果如图8-83所示。

图 8-83

8.4.2 课后习题：制作桌布下落动画

文件位置	工程文件 >Ch08> 桌子 – 完成 .max
素材位置	工程文件 >Ch08> 桌子 .max
视频名称	在线视频 >Ch08> 制作桌布下落动画 .mp4

本习题使用MassFX动力学制作桌布下落动画，最终动画效果如图8-84所示。

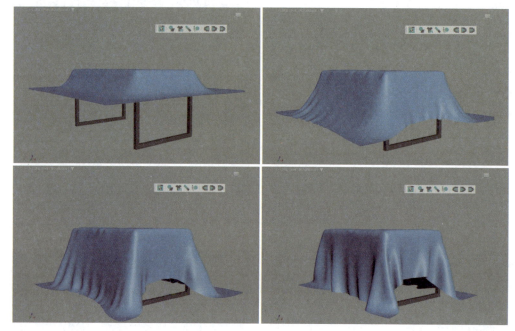

图8-84

01 启动中文版3ds Max 2025，打开本书配套资源中的"桌子.max"文件，如图8-85所示。场景中有一个桌子模型。

图8-85

02 在"创建"面板中，单击"平面"按钮，如图8-86所示，在场景中创建一个平面模型作为桌布。

03 在"参数"卷展栏中，设置"长度"为100、"宽度"为100、"长度分段"为60、"宽度分段"为60，如图8-87所示。设置完成后，调整平面模型的位置，如图8-88所示。

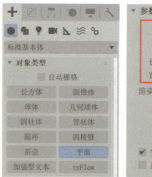

图8-86

图8-87

图 8-88

04 选择场景中的桌面和桌子腿模型，单击"将选定项设置为静态刚体"按钮，如图8-89所示。

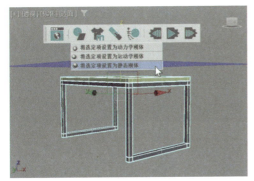

图 8-89

05 选择场景中的平面模型，单击"将选定对象设置为mCloth对象"按钮，如图8-90所示。设置完成后，系统会自动为平面模型添加mCloth修改器，如图8-91所示。

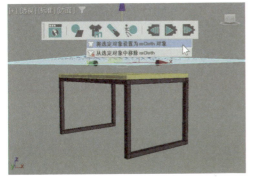

图 8-90

图 8-91

技巧与提示

mCloth修改器是MassFX动力学系统里的工具，Cloth修改器是布料系统里的工具，读者在使用时注意区分。

06 在"mCloth模拟"卷展栏中，单击"烘焙"按钮，如图8-92所示，3ds Max开始对平面模型进行布料动画模拟，模拟效果如图8-93所示。

图 8-92

图 8-93

07 在"修改"面板中，为桌布模型添加"涡轮平滑"修改器，如图8-94所示，以得到更加平滑的模型效果。

图 8-94

播放场景动画，本习题最终的动画效果如图8-95所示。

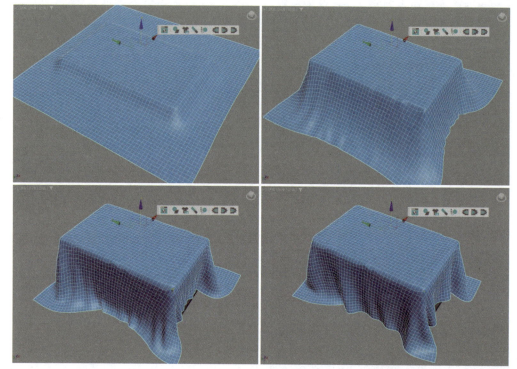

图 8-95

第 9 章

粒子系统与粒子插件

本章导读

本章主要讲解中文版 3ds Max 2025 的粒子系统和
粒子插件 tyFlow 的使用方法，安装好粒子插件
tyFlow 后，读者可以通过输入提示词来生成 AI 图像。
希望读者能够通过本章的学习，掌握制作粒子动画
及 AI 绘画的相关技巧。

学习要点

◆ 掌握制作叶片飘动动画的方法。
◆ 掌握制作物体破碎动画的方法。
◆ 掌握根据提示词来生成 AI 图像的方法。

9.1 粒子概述

中文版3ds Max 2025的粒子主要分为"事件驱动型"和"非事件驱动型"两大类。其中，"非事件驱动型"粒子的功能相对来说较为简单，并且容易控制；而"事件驱动型"粒子又称为"粒子流"，可以使用大量内置的操作符来进行高级动画制作，功能更加强大。通过使用粒子系统，特效动画师可以制作出非常逼真的特效动画（如水、火、雨、雪、烟花等），以及众多相似对象共同运动而产生的群组动画。

9.2 粒子系统

在"创建"面板的下拉列表中选择"粒子系统"，可看到3ds Max为用户提供的7个用于创建粒子的按钮，如图9-1所示。

图9-1

9.2.1 课堂案例：制作叶片飘落动画

文件位置	工程文件 >Ch09> 叶片 - 完成 .max
素材位置	工程文件 >Ch09> 叶片 .max
视频名称	在线视频 >Ch09> 制作叶片飘落动画 .mp4

本案例讲解使用粒子流源制作叶片飘落的动画，最终动画效果如图9-2所示。

图9-2

01 启动中文版3ds Max 2025，打开本书配套资源中的"叶片.max"文件,如图9-3所示。场景中有一个树叶模型。

图9-3

02 执行"图形编辑器>粒子视图"命令,打开"粒子视图"窗口,如图9-4所示。

图9-4

03 在仓库中选择"空流"操作符,并以拖曳的方式将其添加至工作区,如图9-5所示。操作完成后,场景中会自动生成粒子流源的图标,如图9-6所示。

04 选择场景中的粒子流源图标,在"发射"卷展栏中,设置"长度"为500、"宽度"为500,如图9-7所示,并调整粒子流源图标的位置,如图9-8所示。

图9-5

图9-6

图9-7

图9-8

05 在"粒子视图"窗口的仓库中,选择"出生"操作符,以拖曳的方式将其放置于工作区中作为"事件001",并将其连接至"粒子流源001"。这时,请读者注意,在默认情况下,"事件001"内还会自动出现一个"显示001"操作符,用来显示该事件的粒子形态,如图9-9所示。

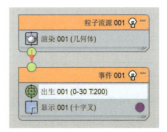

图9-9

06 选择"出生001"操作符，在"出生001"卷展栏中，设置"发射开始"为0、"发射停止"为60、"数量"为50，使得粒子在场景中从第0帧到第60帧共发射50个粒子，如图9-10所示。

07 在"粒子视图"窗口的仓库中，选择"位置图标"操作符，以拖曳的方式将其放置于工作区的"事件001"中，将粒子的发射位置设置在场景中的粒子流源图标上，如图9-11所示。

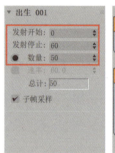
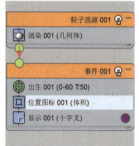

图9-10　　　　　　图9-11

08 在"粒子视图"窗口的仓库中，选择"图形实例"操作符，以拖曳的方式将其放置于"事件001"中，如图9-12所示。

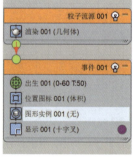

图9-12

09 在"图形实例001"卷展栏中，设置"粒子几何体对象"为场景中的叶片模型、"比例"为80%、"变化"为20%，如图9-13所示。

10 在"创建"面板中，单击"重力"按钮，如图9-14所示。在场景中任意位置处创建一个重力对象，如图9-15所示。

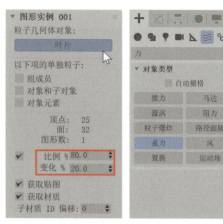

图9-13　　　　　　图9-14

图9-15

11 在"参数"卷展栏中，设置"强度"为0.1，使其对粒子的影响小一些，如图9-16所示。

12 在"创建"面板中，单击"风"按钮，如图9-17所示。在场景中任意位置处创建一个风对象，如图9-18所示。

图9-16　　　　　　图9-17

图 9-18

13 在"参数"卷展栏中,设置"强度"为0.02、"湍流"为0.5、"频率"为0.2,如图9-19所示。

图 9-19

14 在场景中复制一个风对象,并调整其位置和方向,如图9-20所示。

图 9-20

15 在"粒子视图"窗口的仓库中,选择"力"操作符,以拖曳的方式将其放置于"事件001"

中,如图9-21所示。将场景中的重力对象和两个风对象均添加至"力空间扭曲"文本框内,如图9-22所示。

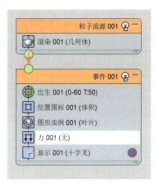

图 9-21

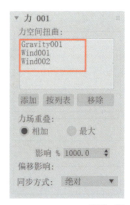

图 9-22

16 选择"显示001"操作符,在"显示001"卷展栏中,设置"类型"为"几何体",如图9-23所示。

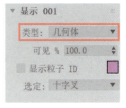

图 9-23

17 拖动时间滑块,观察场景动画效果,可以看到粒子受到力学的影响开始缓慢飘落,但每个粒子的方向都是一样的,显得不太自然,如图9-24所示。

图9-24

[18] 在"粒子视图"窗口的仓库中,选择"自旋"操作符,以拖曳的方式将其放置于"事件001"中,如图9-25所示。

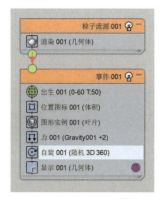

图9-25

[19] 再次拖动时间滑块,发现每个粒子的旋转方向都不一样了,如图9-26所示。

图9-26

本案例最终的动画效果如图9-27所示。

图9-27

158

9.2.2 粒子流源

粒子流源是一种多功能的粒子系统，可通过独立的"粒子视图"窗口来进行各个事件的创建、判断及连接。其中，每个事件还可以使用多个不同的操作符来进行调控，使得粒子系统能够根据场景的时间变化，不断地依次计算事件列表中的每个操作符来更新场景。

在"创建"面板中，单击"粒子流源"按钮，可在场景中以绘制的方式创建一个完整的粒子流，如图9-28所示。

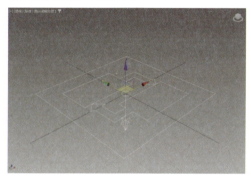

图 9-28

在"修改"面板中，可以看到粒子流源有"设置""选择""脚本""发射""系统管理"5个卷展栏，如图9-29所示。

图 9-29

常用参数解析

1. "设置"卷展栏

"设置"卷展栏中的参数如图9-30所示。

图 9-30

- **启用粒子发射**：设置打开或关闭粒子系统。
- **"粒子视图"按钮**：单击该按钮会打开"粒子视图"面板。

2. "选择"卷展栏

"选择"卷展栏中的参数如图9-31所示。

图 9-31

- **ID**：选择粒子的ID 。
- **"添加"按钮**：设置好粒子的ID号后，单击该按钮可将其添加到选择列表中。
- **"移除"按钮**：设置好粒子的ID号后，单击该按钮可将其从选择列表中移除。

3. "脚本"卷展栏

"脚本"卷展栏中的参数如图9-32所示。

图 9-32

- **启用脚本（每步更新）**：勾选后，启用每步进行计算更新的脚本。
- **"编辑"按钮（每步更新）**：单击此按钮，会打开脚本的文本编辑器窗口。
- **使用脚本文件（每步更新）**：勾选此复选框后，可以通过单击下面的"无"按钮加载脚本文件。

• "无"按钮（每步更新）：单击此按钮，可浏览脚本文件。

• 启用脚本（最后一步更新）：勾选后，启用在最后一步进行计算的脚本。

• "编辑"按钮（最后一步更新）：单击此按钮，可打开脚本的文本编辑器窗口。

• 使用脚本文件（最后一步更新）：勾选此复选框后，可以通过单击下面的"无"按钮加载脚本文件。

• "无"按钮（最后一步更新）：单击此按钮，可浏览脚本文件。

4. "发射"卷展栏

"发射"卷展栏中的参数如图9-33所示。

图 9-33

• 徽标大小：设置显示在源图标中心的粒子流徽标的大小，以及指示粒子运动的默认方向的箭头。

• 图标类型：设置图标的类型，包括长方形、长方体、圆形和球体。

• 长度/宽度：设置图标的长度/宽度。

• 显示：控制图标及徽标的显示与隐藏。

• 视口%：设置系统中在视口内生成的粒子总数的百分比。

• 渲染%：设置系统中在渲染时生成的粒子总数的百分比。

5. "系统管理"卷展栏

"系统管理"卷展栏中的参数如图9-34所示。

图 9-34

• 上限：系统可以计算粒子的最大数目。

• 视口：设置在视口中播放动画的单位。

• 渲染：设置渲染时的单位。

9.2.3 喷射粒子

喷射粒子可以用来模拟下雨、喷泉等水滴飞溅的效果。在"创建"面板中，单击"喷射"按钮，可在视图中绘制出喷射粒子，如图9-35所示。

图 9-35

"参数"卷展栏中的参数如图9-36所示。

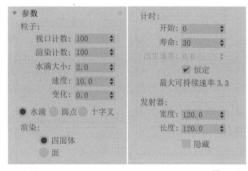

图 9-36

常用参数解析

• 视口计数：设置视口中显示的最大粒子数。

• 渲染计数：设置渲染时可以显示的最大粒子数。

• 水滴大小：设置粒子的大小。

• 速度：设置每个粒子离开发射器时的初始速度。

• 变化：改变粒子的初始速度和方向。

- **水滴/圆点/十字叉**：设置粒子在视口中的显示方式。

- **四面体/面**：将粒子渲染为四面体或面。

- **开始**：设置粒子从第几帧开始出现。

- **寿命**：设置粒子的寿命。

- **出生速率**：设置每帧产生的新粒子数。

- **宽度/长度**：设置发射器的宽度或长度。

- **隐藏**：勾选该复选框，会在视口中隐藏发射器。

9.2.4 雪粒子

雪粒子可以用来模拟下雪、飞散的纸屑等效果。在"创建"面板中，单击"雪"按钮，可在视图中绘制出雪粒子，如图9-37所示。

图9-37

"参数"卷展栏中的参数如图9-38所示。

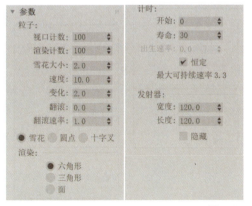

图9-38

常用参数解析

- **视口计数**：设置视口中显示的最大粒子数。

- **渲染计数**：设置渲染时可以显示的最大粒子数。

- **雪花大小**：设置粒子的大小。

- **速度**：设置每个粒子离开发射器时的初始速度。

- **变化**：改变粒子的初始速度和方向。

- **翻滚**：设置粒子的随机旋转效果。

- **翻滚速率**：设置粒子的旋转速度。值越大，旋转速度越快。

- **雪花/圆点/十字叉**：设置粒子在视口中的显示方式。

- **六角形/三角形/面**：设置粒子的最终渲染形状。

- **开始**：设置粒子从第几帧开始出现。

- **寿命**：设置粒子的寿命。

- **出生速率**：设置每帧产生的新粒子数。

- **宽度/长度**：设置发射器的宽度或长度。

- **隐藏**：勾选该复选框，会在视口中隐藏发射器。

9.3 tyFlow

tyFlow是一款可以安装在3ds Max中的插件，支持3ds Max 2018及更高版本，其工作流程和UI布局与3ds Max中的粒子流非常相似，因此较易上手。tyFlow有免费版、专业版和测试版，用户可以根据自己的项目需要选择对应的版本进行安装，如果仅学习本书的案例，可以在官方网站下载免费版，将其复制至3ds Max根目录中的Plugins文件夹内完成安装。

tyFlow内置了tyDiffusion，用于生成AI图像及视频，第一次使用tyDiffusion时，可以通过单击One-Click Install（一键安装）按钮来安装Stable Diffusion ComfyUI，安装完成后，可使用tyDiffusion根据输入的提示词来生成AI图像及视频。

9.3.1 课堂案例：制作物体破碎动画

文件位置	工程文件 >Ch09> 罐子 - 完成 .max
素材位置	工程文件 >Ch09> 罐子 .max
视频名称	在线视频 >Ch09> 制作物体破碎动画 .mp4

本案例讲解使用tyFlow制作物体破碎动画，最终效果如图9-39所示。

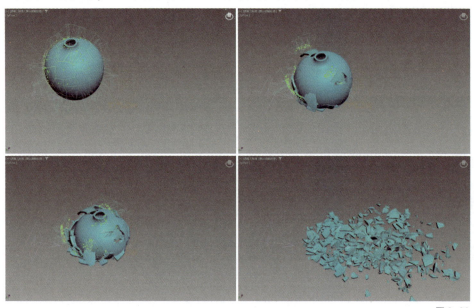

图9-39

01 启动中文版3ds Max 2025，打开本书配套资源中的"罐子.max"文件，如图9-40所示。场景中有一个罐子模型。

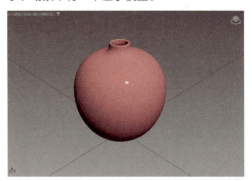

图9-40

02 在"创建"面板中，单击tyFlow按钮，如图9-41所示，在场景中创建一个tyFlow标志。

03 在"编辑"卷展栏中，单击"打开编辑器"按钮，如图9-42所示，打开tyFlow001窗口，如图9-43所示。

图9-41

图9-42

162

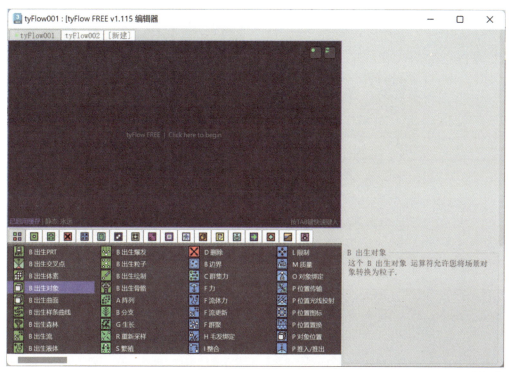

图 9-43

04 在仓库中选择"B出生对象"操作符，并以拖曳的方式将其添加至工作区中，作为Event_001（事件001），如图9-44所示。

💡 **技巧与提示**

添加"B出生对象"操作符后，事件001内还会自动添加一个"D显示"操作符，用于设置粒子在场景中的显示效果。

图 9-44

05 在"B出生对象"卷展栏中，勾选"添加后隐藏"复选框，单击Pick按钮，拾取场景中的罐子模型，其名称会出现在"对象"文本框内，如图9-45所示。

06 在仓库中选择"M多重断裂"操作符，以拖曳的方式将其放置于工作区的Event_001中，如图9-46所示。

图 9-45

图 9-46

07 在"断裂噪波A"卷展栏中，设置"噪波"为"细胞（锐利）"，如图9-47所示。设置完成后，罐子模型的破碎效果如图9-48所示。

图9-47

图9-48

08 在"断裂点"卷展栏中，设置"数量"为100，如图9-49所示。设置完成后，罐子模型的破碎效果如图9-50所示。

09 在仓库中选择"PhysX形状"操作符，以拖曳的方式将其放置于工作区的Event_001中，如图9-51所示。

图9-49

图9-50

图9-51

这时，可以看到罐子模型在第0帧处就产生了裂缝效果，如图9-52所示。

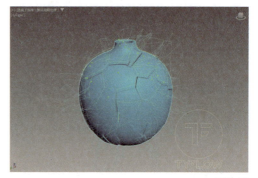

图9-52

10 在"碰撞"卷展栏中，设置"开始渗透"为"忽略起始穿透"，如图9-53所示。

图9-53

设置完成后,播放动画,罐子模型的破碎动画效果如图9-54所示。

图 9-54

11 在"创建"面板中,单击"ty风"按钮,如图9-55所示,在场景中创建一个风对象。

图 9-55

12 调整风的方向,如图9-56所示。

图 9-56

13 在仓库中选择"F力"操作符,以拖曳的方式将其放置于工作区的Event_001中,如图9-57所示。

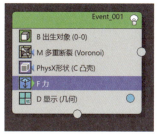

图 9-57

14 在"力"卷展栏中,单击Pick按钮,拾取场景中的风对象,其名称会出现在"对象"文本框内,如图9-58所示。

图9-58

15 在仓库中选择"T时间测试"操作符,以拖曳的方式将其放置于工作区的Event_001中,如图9-59所示。

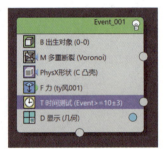

图9-59

16 在"T时间测试"卷展栏中,设置"数值"为5,如图9-60所示。

图9-60

17 在仓库中选择"M多重断裂"操作符,以拖曳的方式将其放置于工作区中,作为Event_002(事件002),并将其与Event_001中的"T时间测试"操作符连接起来,如图9-61所示。

图9-61

18 在"断裂噪波A"卷展栏中,设置"噪波"为"细胞(锐利)",如图9-62所示。

图9-62

本案例最终的动画效果如图9-63所示。

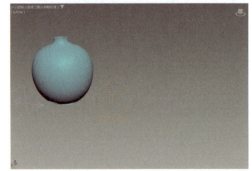

图9-63

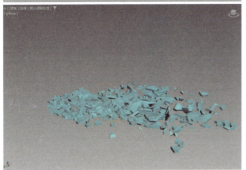

图9-63（续）

9.3.2 课堂案例：根据场景中的模型来生成AI图像

文件位置	无
素材位置	工程文件 >Ch09> 客厅 .max
视频名称	在线视频 >Ch09> 根据场景中的模型来生成AI图像 .mp4

本案例讲解如何使用tyFlow基于场景中的模型生成AI图像，最终效果如图9-64所示。

图9-64

01 启动中文版3ds Max 2025，打开本书配套资源中的"客厅.max"文件，如图9-65所示。这是一个客厅的动画场景，里面放了设置好材质的简单家具模型。

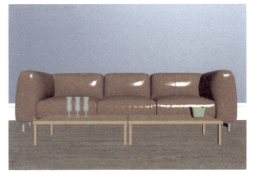

图9-65

02 选择任意桌子模型，在"修改"面板中，为其添加tyDiffusionTexGen修改器，如图9-66所示。

图9-66

03 在tyDiffusion卷展栏中，单击tyDiffusion UI按钮，如图9-67所示。

167

图 9-67

图 9-69

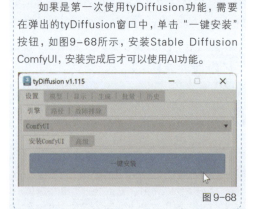
04 在"生成"选项卡中，设置"风格"为"数字绘画"，输入提示词"living room,table,glass, sofa,floor, background wall,"，中文含义为"客厅，桌子，玻璃杯，沙发，地板，背景墙，"；输入反向提示词"(normal quality:1.5),(worstquality:1.5),(low quality:1.5),(lowres:1.5),"中文含义为"正常质量，最差质量，低质量，低分辨率），"，并提高这4个词的权重；设置"模型"为DreamShaper_8.safetensors、"分辨率"为768×512、"步数"为30、"随机种子"为2，如图9-69所示。

05 在ControlNet选项卡中，勾选"边缘"复选框，设置"方式"为Canny、"权重"为0.7，单击"生成图像"按钮，如图9-70所示。

图 9-70

得到的AI图像效果如图9-71所示。

图 9-71

读者可以尝试更改"随机种子"值和"风格",以得到更多不同效果的AI图像,如图9-72所示。

图 9-72

9.3.3 tyFlow

在"创建"面板中,单击tyFlow按钮,可在场景中创建tyFlow图标,如图9-73所示。

图 9-74

常用参数解析

1. "编辑"卷展栏

"编辑"卷展栏中的参数如图9-75所示。

图 9-75

• "打开编辑器"按钮:单击该按钮会打开ty-Flow001窗口。

2. "设置"卷展栏

"设置"卷展栏中的参数如图9-76所示。

在"修改"面板中,可以看到其参数分布在多个不同的卷展栏中,如图9-74所示。

图 9-76

169

- **显示图标**：控制tyFlow图标是否在视图中可见。
- **显示名称**：控制tyFlow图标是否显示名称。
- **模拟模式**：设置tyFlow的模拟模式，有"历史相关"和"独立于历史"两个选项，如图9-77所示。

图9-77

- **时间步长**：设置不同的时间步长，如图9-78所示。

图9-78

3.PhysX 卷展栏

PhysX卷展栏中的参数如图9-79所示。

图9-79

- **默认重力**：设置重力是否应用于粒子计算。
- **强度**：设置重力的强度。
- **地面碰撞**：设置地面碰撞是否应用于粒子计算。
- **高度**：设置地面的高度。
- **静态摩擦**：设置地面的静态摩擦力。
- **动态摩擦**：设置地面的动态摩擦力。

4."版本"卷展栏

"版本"卷展栏中的参数如图9-80所示。

图9-80

- **Get latest version按钮**：获取最新版本。

9.3.4 tyDiffusion

打开tyDiffusion窗口，可以看到其参数分布于多个选项卡中，如图9-81所示。

图9-81

常用参数解析

1."引擎"选项卡

"引擎"选项卡中的参数如图9-82所示。

图9-82

- **"一键安装"按钮**：单击可安装Stable Diffusion ComfyUI。

2. "路径"选项卡

"路径"选项卡中的参数如图9-83所示。

图 9-83

- **外部大模型路径**：设置外部大模型的路径。
- **外部AnimateDiff路径**：设置外部AnimateDiff的路径。
- **外部ControlNet路径**：设置外部ControlNet的路径。
- **外部Upscaler路径**：设置外部Upscaler的路径。
- **外部LORA**：设置外部LORA的路径。
- **外部VAE**：设置外部VAE模型的路径。

3. "浏览"选项卡

"浏览"选项卡中的参数如图9-84所示。

图 9-84

- **Download all按钮**：下载所有推荐的Diffusion模型。

4. "生成"选项卡

"生成"选项卡中的参数如图9-85所示。

图 9-85

- **风格**：设置AI图像的生成风格。
- **提示词文本框**：用于输入正向提示词，仅支持英文。
- **"反向提示词"文本框**：用于输入反向提示词，仅支持英文。

5. "基础设置"选项卡

"基础设置"选项卡中的参数如图9-86所示。

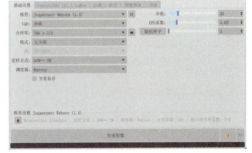

图 9-86

- **模型**：设置Diffusion模型。
- **VAE**：设置VAE模型。
- **分辨率**：设置AI图像的大小。
- **模式**：设置AI图像的生成模型，有"文生图"和"图生图"两个选项。
- **步数**：设置Stable Diffusion生成结果图像将采取的步骤数。
- **"随机种子"按钮**：该按钮处于按下状态时，每次生成图像后都自动更改种子值；该按钮处于未按下状态时，则需要手动更改"随机种子"值来得到不同的图像效果。

6. ControlNet 选项卡

ControlNet选项卡中的参数如图9-87所示。

图 9-87

- Depth：设置是否使用深度来控制AI图像生成。

- 模型：设置深度模型。

- 预处理：设置预处理模型。

- 权重：设置深度的影响效果。

- 介入时机：设置深度在何时开始影响AI图像的生成。

- 终止时机：设置深度在何时结束对AI图像生成的影响。

7. LoRAs 选项卡

LoRAs选项卡中的参数如图9-88所示。

图 9-88

- LoRAs按钮：添加本地存储的LoRA模型。

- 启用LoRA：控制LoRA模型是否参与AI图像计算。

9.4 课后习题

9.4.1 课后习题：制作下雨动画

文件位置	工程文件 >Ch09> 宿舍楼 – 完成 .max
素材位置	工程文件 >Ch09> 宿舍楼 .max
视频名称	在线视频 >Ch09> 制作下雨动画 .mp4

本习题使用喷射粒子来制作下雨动画，最终效果如图9-89所示。

图 9-89

01 启动中文版3ds Max 2025，打开本书配套资源中的"宿舍楼.max"文件，如图9-90所示。场景中有一个宿舍楼模型，并且已经设置好了材质及灯光。

图 9-90

02 在"创建"面板中，单击"喷射"按钮，如图9-91所示。

图 9-91

03 在顶视图中，创建一个喷射粒子的发射区域，如图9-92所示。

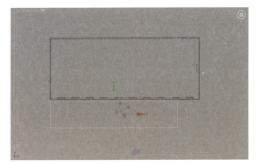

图 9-92

04 在前视图中，调整喷射粒子发射区域的位置，如图9-93所示。

　　播放动画，可以看到有粒子从喷射粒子的发射区域中产生并下落，如图9-94所示。

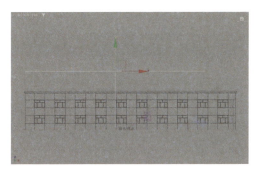

图 9-93

图 9-94

05 在"参数"卷展栏中，设置"视口计数"为1000、"渲染计数"为1000、"寿命"为12，如图9-95所示。

图 9-95

设置完成后，最终动画效果如图9-96所示。

图 9-96

9.4.2 课后习题：根据提示词来生成AI图像

文件位置	无
素材位置	无
视频名称	在线视频 >Ch09> 根据提示词来生成 AI 图像 .mp4

本习题通过使用提示词来生成AI图像，图像效果如图9-97所示。

图 9-98

图 9-97

01 启动中文版3ds Max 2025，在"创建"面板中，单击"点"按钮，如图9-98所示，在场景中任意位置创建一个点，如图9-99所示。

图 9-99

⓿2 在"修改"面板中，为其添加tyDiffusionTexGen修改器，如图9-100所示。

⓿3 在tyDiffusion卷展栏中，单击tyDiffusion UI按钮，如图9-101所示。

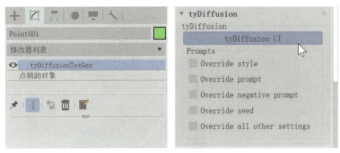

图9-100   图9-101

⓿4 在"生成"选项卡中，设置"风格"为"数字绘画"，输入提示词"1girl,smile,black hair,black eyes,ponytail,collared_shirt,at the seaside,cloud,"，中文含义为"一个女孩，微笑，黑色头发，黑色眼睛，马尾辫，有领衬衫，在海边，云，"；输入反向提示词"(normal quality:1.5),(worstquality:1.5),(low quality:1.5),(lowres:1.5),"，中文含义为"正常质量，最差质量，低质量，低分辨率，"，并提高这4个词的权重；设置"模型"为DreamShaper_8. safetensors、"分辨率"为768×512、"步数"为30，单击"随机种子"按钮使其处于按下状态，设置完成后，单击"生成图像"按钮，如图9-102所示。

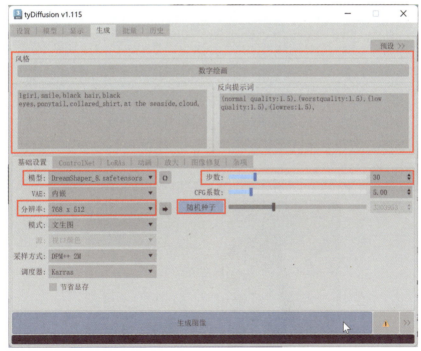

图9-102

绘制的AI图像效果如图9-103所示。

图 9-103

05 在"放大"选项卡中，设置"放大算法"为Latent（area）、"放大倍数"为3，再次单击"生成图像"按钮，如图9-104所示。

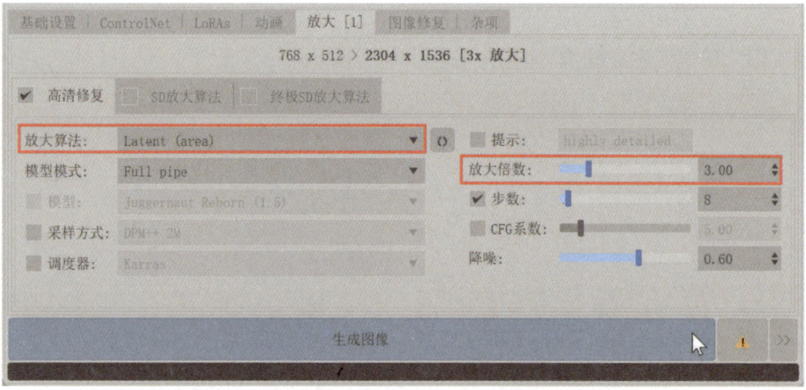

图 9-104

得到的AI图像效果如图9-105所示，可以看到这次生成的图像清晰了许多。

图 9-105

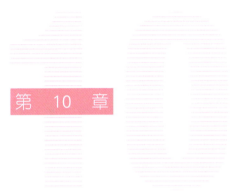

第 10 章

综合案例

本章导读

本章准备了两个综合案例，希望读者通过本章的学习，能够熟练地综合运用材质、灯光及渲染方面的知识。

学习要点

◆ 掌握室内场景中常用材质、灯光及渲染的设置技巧。
◆ 掌握室外场景中常用材质、灯光及渲染的设置技巧。

文件位置	工程文件 >Ch10> 客厅 > 客厅 – 完成 .max
素材位置	工程文件 >Ch10> 客厅 > 客厅 .max
视频名称	在线视频 >Ch10> 制作室内场景表现效果 .mp4

本案例使用一个简约风格的客厅场景来讲解3ds Max材质、灯光及渲染设置技巧的综合运用，最终渲染效果如图10-1所示。

图 10-1

启动中文版3ds Max 2025，打开本书配套资源中的"客厅.max"文件，如图10-2所示。

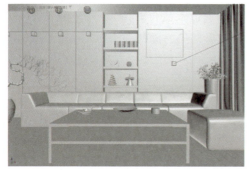

图 10-2

10.1.1　制作沙发材质

本案例中的沙发表面具有一定的凹凸质感，渲染效果如图10-3所示。

01 选择沙发垫子模型，如图10-4所示。

图 10-3

图 10-4

02 在"材质编辑器"面板中，选择一个默认的物理材质指定给所选模型，并重命名为"沙发"，如图10-5所示。

图 10-5

03 在"常规贴图"卷展栏中，为"基础颜色"属性添加"沙发.jpg"贴图文件，如图10-6所示。

图 10-6

04 在"特殊贴图"卷展栏中,为"置换"属性添加"沙发_置换.jpg"贴图文件,如图10-7所示。

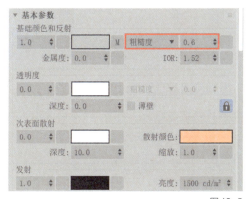

图 10-7

05 在"基本参数"卷展栏中,设置"粗糙度"为0.6,如图10-8所示。

图 10-8

设置完成后,沙发材质球的显示效果如图10-9所示。

图 10-9

10.1.2 制作地板材质

本案例中的地板表面具有一定的反光质感,渲染效果如图10-10所示。

图 10-10

01 选择地板模型,如图10-11所示。

图 10-11

02 在"材质编辑器"面板中,选择一个默认的物理材质指定给所选模型,并重命名为"地板",如图10-12所示。

图 10-12

03 在"常规贴图"卷展栏中,为"基础颜色"属性添加"地板.jpg"贴图文件,如图10-13所示。

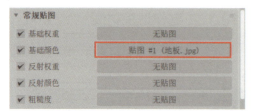

▼ 常规贴图	
✔ 基础权重	无贴图
✔ 基础颜色	贴图 #1 (地板.jpg)
✔ 反射权重	无贴图
✔ 反射颜色	无贴图
✔ 粗糙度	无贴图

图 10-13

04 在"坐标"卷展栏中，设置"角度"的W值为90，如图10-14所示。

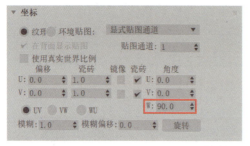

图 10-14

05 在"基本参数"卷展栏中，设置"粗糙度"为0.3，如图10-15所示。

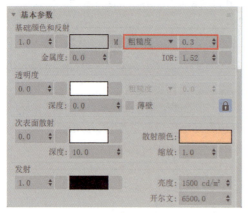

图 10-15

设置完成后，地板材质球的显示效果如图10-16所示。

图 10-16

技巧与提示

本案例中的桌面材质使用了相似的操作方法进行制作，故不重复讲解。

10.1.3 制作花盆材质

本案例中的花盆材质表现为陶瓷质感，渲染效果如图10-17所示。

图 10-17

01 选择花盆模型，如图10-18所示。

图 10-18

02 在"材质编辑器"面板中，选择一个默认的物理材质指定给所选模型，并重命名为"花盆"，如图10-19所示。

图 10-19

03 在"基本参数"卷展栏中，设置基础颜色为棕色、"粗糙度"为0.1，如图10-20所示。基础颜色的参数设置如图10-21所示。

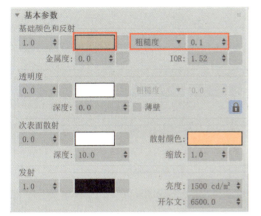

图 10-20

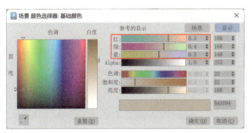

图 10-21

设置完成后，花盆材质球的显示效果如图10-22所示。

图 10-22

10.1.4 制作金色金属材质

本案例中的一些摆件使用了金色金属材质，渲染效果如图10-23所示。

图 10-23

01 选择场景中的螺旋状摆件模型，如图10-24所示。

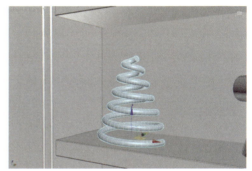

图 10-24

02 在"材质编辑器"面板中，选择一个默认的物理材质指定给所选模型，并重命名为"金色金属"，如图10-25所示。

图 10-25

03 在"基本参数"卷展栏中，设置基础颜色为黄色、"粗糙度"为0.3、"金属度"为1，如图10-26所示。基础颜色的参数设置如图10-27所示。

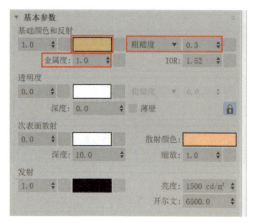

图10-26

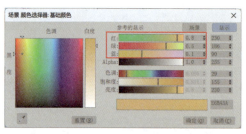

图10-27

设置完成后，金色金属材质球的显示效果如图10-28所示。

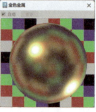

图10-28

10.1.5 制作陶瓷材质

　　本案例中桌子上的盘子使用了陶瓷材质，渲染效果如图10-29所示。

图10-29

01 选择盘子模型，如图10-30所示。

图10-30

02 在"材质编辑器"面板中，选择一个默认的物理材质指定给所选模型，并重命名为"陶瓷"，如图10-31所示。

图10-31

03 在"基本参数"卷展栏中，设置基础颜色为绿色、"粗糙度"为0.1，如图10-32所示。基础颜色的参数设置如图10-33所示。

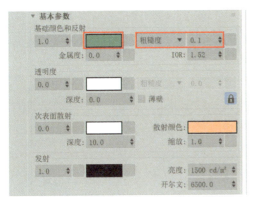

图 10-32

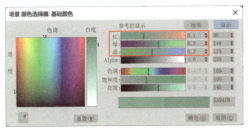

图 10-33

设置完成后，陶瓷材质球的显示效果如图 10-34 所示。

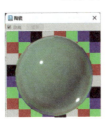

图 10-34

10.1.6 制作叶片材质

本案例中的叶片材质渲染效果如图 10-35 所示。

图 10-35

01 选择植物叶片模型，如图 10-36 所示。

图 10-36

02 在"材质编辑器"面板中，选择一个默认的物理材质指定给所选模型，并重命名为"叶片"，如图 10-37 所示。

图 10-37

03 在"常规贴图"卷展栏中，为"基础颜色"属性添加"叶片.png"贴图文件，如图 10-38 所示。

图 10-38

04 在"基本参数"卷展栏中，设置"粗糙度"为 0.3，如图 10-39 所示。

设置完成后，叶片材质球的显示效果如图 10-40 所示。

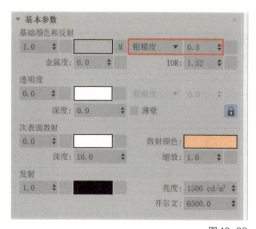

图 10-39

图 10-40

10.1.7 制作天光照明效果

01 在"创建"面板中，单击"目标灯光"按钮，如图10-41所示。

图 10-41

02 在前视图中的窗户处创建一个目标灯光，如图10-42所示。

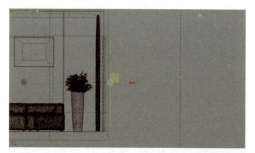

图 10-42

03 在"图形/区域阴影"卷展栏中，设置"从（图形）发射光线"为"矩形"、"长度"为250、"宽度"为150，如图10-43所示。

图 10-43

04 在透视视图中调整灯光的位置，如图10-44所示。

图 10-44

05 在"强度/颜色/衰减"卷展栏中，设置"颜色"为"开尔文"、"开尔文"值为8000、"强度"为5500cd，如图10-45所示。

图 10-45

06 设置完成后，复制一个目标灯光并调整其位置和方向，如图10-46所示。

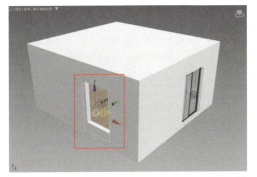

图10-46

07 渲染场景，渲染效果如图10-47所示。

图10-47

10.1.8 制作射灯照明效果

01 在"创建"面板中，单击Arnold Light按钮，如图10-48所示。

图10-48

02 在左视图中的柜子模型前方，创建一个Ar-nold Light灯光，如图10-49所示。

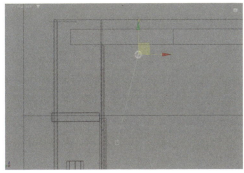

图10-49

03 在前视图中，调整灯光的位置，如图10-50所示。

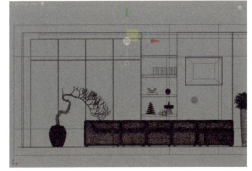

图10-50

04 在Shape卷展栏中，设置Type为"光度学"，为File属性添加"射灯-2.ies"文件，如图10-51所示。

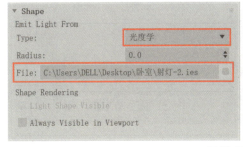

图10-51

05 在Color/Intensity卷展栏中，设置Color为Kelvin、Kelvin值为3000、Intensity为2、Exposure为8，如图10-52所示。

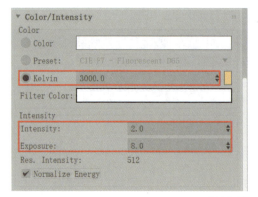

Color/Intensity	
Color	
○ Color	
○ Preset:	CIE F7 - Fluorescent D65 ▼
● Kelvin	3000.0 ⬍
Filter Color:	
Intensity	
Intensity:	2.0 ⬍
Exposure:	8.0 ⬍
Res. Intensity:	512
☑ Normalize Energy	

图 10-52

06 在前视图中，对灯光进行复制，并调整其至图10-53所示位置处。

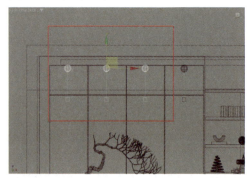

图 10-53

07 渲染场景，渲染效果如图10-54所示。

图 10-54

10.1.9 渲染设置

01 在"渲染设置"窗口中，设置"宽度"为1200、"高度"为750，如图10-55所示。

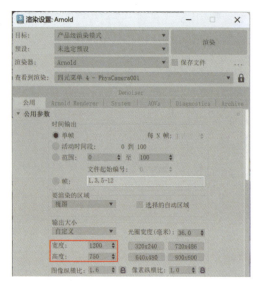

图 10-55

02 在Sampling and Ray Depth卷展栏中，设置Camera（AA）为6，如图10-56所示。

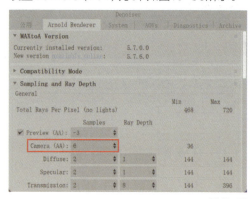

图 10-56

03 渲染场景，渲染效果如图10-57所示。

图 10-57

10.2 制作室外场景表现效果

文件位置　工程文件 >Ch10> 教学楼 > 教学楼 - 完成 .max
素材位置　工程文件 >Ch10> 教学楼 > 教学楼 .max
视频名称　在线视频 >Ch10> 制作室外场景表现效果 .mp4

本案例使用一个室外建筑场景的表现来讲解 3ds Max 材质、灯光及渲染设置技巧的综合运用，最终渲染效果如图 10-58 所示。

图 10-58

启动中文版 3ds Max 2025，打开本书配套资源中的"教学楼 .max"文件，如图 10-59 所示。

图 10-59

10.2.1 制作红色墙体材质

本案例中的红色墙体渲染效果如图 10-60 所示。

01 选择墙体模型，如图 10-61 所示。

图 10-60

图 10-61

02 在"材质编辑器"面板中，选择一个默认的物理材质指定给所选模型，并重命名为"红色墙体"，如图 10-62 所示。

图 10-62

03 在"基本参数"卷展栏中，设置基础颜色为红色、"粗糙度"为 0.6，如图 10-63 所示。基础颜色的参数设置如图10-64所示。

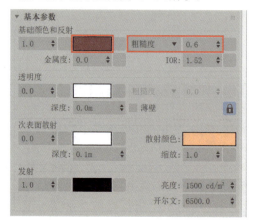

图 10-63

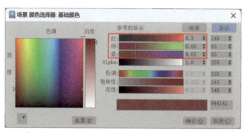

图 10-64

设置完成后，红色墙体材质球的显示效果如图10-65所示。

图 10-65

10.2.2 制作黄色墙体材质

本案例中教学楼的一楼部分采用了黄色墙体材质，渲染效果如图10-66所示。

01 选择一楼的墙体模型，如图10-67所示。

图 10-66

图 10-67

02 在"材质编辑器"面板中，选择一个默认的物理材质指定给所选模型，并重命名为"黄色墙体"，如图10-68所示。

图 10-68

03 在"基本参数"卷展栏中，设置"粗糙度"为0.6，单击基础颜色右侧的方形按钮，如图10-69所示。

04 在弹出的"材质/贴图浏览器"对话框中，选择"平铺"，单击"确定"按钮，如图10-70所示。

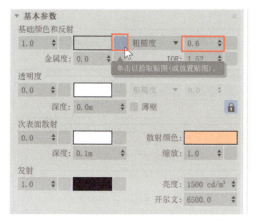

图 10-69

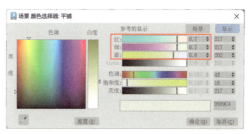

图 10-72

设置完成后，黄色墙体材质球的显示效果如图10-73所示。

图 10-73

图 10-70

05 在"高级控制"卷展栏中，设置"平铺设置"的纹理颜色为浅黄色，如图10-71所示。纹理颜色的参数设置如图10-72所示。

10.2.3 制作玻璃材质

本案例中教学楼窗户玻璃材质的渲染效果如图10-74所示。

图 10-74

01 选择窗户模型，如图10-75所示。

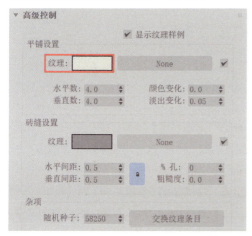

图 10-71

图 10-75

02 在"材质编辑器"面板中,选择一个默认的物理材质指定给所选模型,并重命名为"玻璃",如图10-76所示。

图10-76

03 在"基本参数"卷展栏中,设置"透明度"的权重为1,如图10-77所示。

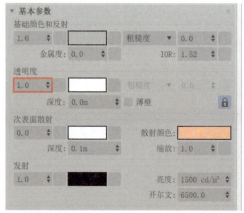

图10-77

设置完成后,玻璃材质球的显示效果如图10-78所示。

图10-78

10.2.4 制作树叶材质

本案例中树叶材质的渲染效果如图10-79所示。

图10-79

01 选择树叶模型,如图10-80所示。

图10-80

02 在"材质编辑器"面板中,选择一个默认的物理材质指定给所选模型,并重命名为"树叶",如图10-81所示。

图10-81

03 在"常规贴图"卷展栏中,为"基础颜色"属性添加"叶片2.jpg"贴图文件,如图10-82所示。

04 在"特殊贴图"卷展栏中,为"裁切(不透明度)"属性添加"叶片2透明.jpg"贴图文件,如图10-83所示。

图10-82

图10-83

05 在"基本参数"卷展栏中，设置"粗糙度"
为0.5，如图10-84所示。

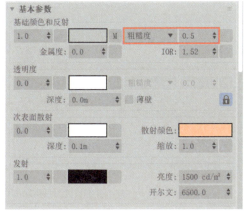

图10-84

设置完成后，树叶
材质球的显示效果如
图10-85所示。

图10-85

10.2.5 制作阳光照明效果

01 在"创建"面板中，单击"太阳定位器"按
钮，如图10-86所示。

02 在顶视图中，创
建一个太阳定位器，
如图10-87所示。

图10-86

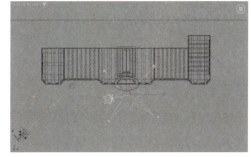

图10-87

03 在"修改"面板
中，选择"太阳"，如
图10-88所示。

图10-88

04 在顶视图中，调整灯光的位置，如图10-89
所示。

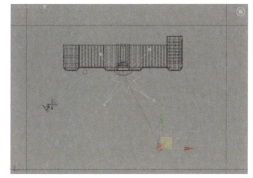

图10-89

05 在左视图中，调整灯光的位置，如图10-90
所示。设置完成后，场景的渲染效果如
图10-91所示。

图 10-90

图 10-91

10.2.6 渲染设置

01 在"渲染设置"窗口中，设置"宽度"为1200、"高度"为750，如图10-92所示。

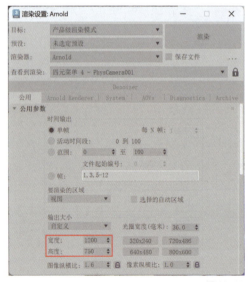

图 10-92

02 在Sampling and Ray Depth卷展栏中，设置Camera（AA）为6，如图10-93所示。

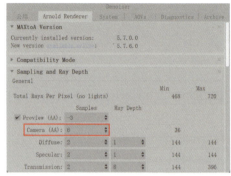

图 10-93

03 执行"渲染>颜色管理"命令，在"颜色管理设置"对话框中，设置"颜色管理模式"为"Gamma工作流"，如图10-94所示。

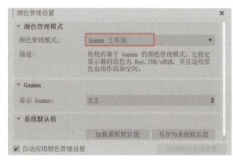

图 10-94

技巧与提示

3ds Max 2025的"颜色管理模式"的默认选项为"OCIO-3ds Max默认"，设置不同的"颜色管理模式"，渲染出来的图像效果也不太一样。

04 渲染场景，渲染效果如图10-95所示。

图 10-95